Nicole Quint (Text) & Thomas Schneider (Fotos)

Glücksorte in Dublin

Fahr hin & werd glücklich

Dieses

Glücksbuch

ist für

Liebe Glücksuchende,

am besten wäre es, sämtliche Dublin-Klischees in einem Fass Guinness zu ertränken. Wer Irlands Hauptstadt besucht, darf so viel mehr erwarten als Temple Bar, Trinity College und Schwarzbier. Strände, Seerobben und Schweinswale zum Beispiel. Die breite Bucht der Irischen See wartet schließlich direkt vor der Haustür.
Baden an goldenen Sandstränden oder Bummeln durch verträumte Hafenorte – das ist nach nur kurzer Fahrzeit mit der Stadtbahn möglich. Beneidenswerte Dubliner. Da leben sie in einer der spannendsten Kulturmetropolen unserer Zeit voller Museen, Galerien, Kirchen, Konzertsäle, Theater und Sportstätten, aber vom Stadtzentrum aus sind die waldigen Dublin Mountains nur einen „puddle jump", einen Pfützen-Hüpfer, entfernt.
Wir haben unsere Herzen vor vielen Jahren an Irlands Hauptstadt verloren, an das Rot der Backsteinhäuser, das Grün der vielen Parks, an die wechselnden Blautöne des Liffey-Flusses, das Möwenlachen und den Glanz, den das britische Empire als architektonisches Erbe hinterlassen hat. In diesem Buch berichten wir nun von den Orten, die einen tief berühren, zum Staunen oder Lachen bringen können, weil einem dort das Glück ganz nach Dubliner Art begegnen kann.

Viele Glücksmomente und immer einen Regenschirm im Gepäck wünschen Ihnen

Nicole Quint & Thomas Schneider

GLÜCK

Deine Glücksorte ...

... noch mehr Glück für dich

Das Festland vergessen

1 Great South Wall und Poolbeg Lighthouse

Die See nimmt Anlauf und wirft ihre Wellen mit solcher Wucht gegen den Wall, dass Gischt darüberschwappt und ich beinahe nasse Füße kriege. So muss das sein. Mit windrosa Wangen, Salz auf den Lippen und einer kreischenden Möwenmafia über dem Kopf bin ich unterwegs auf dem Great South Wall, einem der längsten Seewälle Europas. Von Dublins Docks führt er rund vier Kilometer weit in die Bucht hinaus bis zum Poolbeg Lighthouse. Am roten Anstrich des Leuchtturms finden die Augen einen Halt, bevor der Blick wieder über die unermessliche Weite von Himmel und Meer taumelt. Eine Welt ganz in Blau mit einem kleinen roten Fleck in der Ferne, auf den man zusteuert. Es ist fast wie auf einem Boot, und wenn der Wind mich wieder ein bisschen heftiger schubst, wird der Great South Wall tatsächlich zur Trainingsstrecke für den breitbeinigen Matrosengang.

Mit jedem Schritt gerät die Stadt in meinem Rücken weiter in Vergessenheit. Die Welt ist fern, und unter meinen Füßen verwandelt sich eine mächtige Mauer aus Granitblöcken in den längsten Glücksort, den Dublin zu bieten hat. Erbaut wurde der Wall im 18. Jahrhundert, um Wellen zu brechen und Dublins Hafen vor der Verlandung durch eingeschwemmten Sand zu schützen. An eine Promenade für Menschen, die gern ihre Nase in den Wind halten und Sturmtaucher beim Flugmanöver beobachten, dachte damals bestimmt keiner.

Als ich den Leuchtturm schließlich erreiche und mich umdrehe, ist Dublin noch da – das industrielle Dublin mit Werften, Kränen und Containerhallen und mit den beiden rot-weiß gestreiften Schornsteinen eines stillgelegten Kraftwerks. Die 207 Meter hohen Türme sind längst zu Wahrzeichen der Stadt geworden und mittlerweile auch zur Heimat für ein Wanderfalkenpaar. Das hat dort oben den perfekten Nistplatz mit Blick über die Bucht von Dublin gefunden. Diese Falken gehören zu den schnellsten Raubvögeln der Welt, und mit ein bisschen Glück und Geduld kann man beobachten, wie sie in spektakulären Sturzflügen von den Schloten herabschießen.

● Great South Wall und Poolbeg Lighthouse, Dublin 4
● ÖPNV: Bus S2 bis Stop 369, Pine Road, Irishtown, 50 Minuten Fußweg bis zum Leuchtturm

Ein Menschenmagnet

2 Grand Canal Square

Im Fundbüro der Vergangenheit gibt es eine Schublade mit der Aufschrift *Damals war alles besser.* Nostalgiker wühlen gern darin, um sich an Zeiten zu erinnern, in denen Dublin noch ein idyllisches Dorf, die Menschen fromm und fleißig waren und in gemütlichen Backsteinhäusern wohnten statt in solch seelenlosen Glastürmen, wie moderne Stadtplaner sie heute bauen lassen. Doch unser Gedächtnis ist ein Verklärungsapparat. Die romantische Idylle hat es in Irlands Hauptstadt nie gegeben, ganz im Gegenteil. Deshalb sind die meisten Dubliner auch froh, dass sich das Gesicht ihrer Stadt so stark verändert hat. Vor allem die Docklands, das frühere Hafenviertel östlich des Stadtzentrums, glänzen mit neuer Urbanität. Besonders attraktiv ist dort der Grand Canal Square, ein 10.000 Quadratmeter großer Platz, der von der amerikanischen Landschaftsarchitektin Martha Schwarz entworfen wurde und mit dreieckigen Beeten, markanten Brunnenanlagen, spitzwinkligen Glasbauten und rot lackierten Pfählen viele Blickfänger bietet. Wo einst Arbeiterkaschemmen, Lagerschuppen und Kräne verrotteten, bringen heute Hotels, Cafés, Restaurants und ein von Stararchitekt Daniel Libes-kind entworfenes Theater Weltflair nach Dublin. Schicke Apartment- und Bürohäuser balancieren auf Stelzen über dem alten Kanalbecken, in dem Kindergruppen das Kajakfahren lernen und Wakeboarder, gezogen von einem Wasserlift, auf ihren an die Füße geschnallten Brettern dahingleiten oder Sprünge an der Schanze üben.

Der Grand Canal Square hat viel Farbe und Dynamik in diesen Teil Dublins gebracht und sich zu einer sozialen Drehscheibe entwickelt, einem echten Menschenmagnet. Theaterbesucher, Flaneure, Angestellte in der Mittagspause, Teenager nach Schulschluss, zeitungslesende Senioren und Freundinnen bei der Shoppingpause – der Platz ist der perfekte Ort, um Iren beim Irischsein zu beobachten und sich mit ihnen darüber zu freuen, dass vom „dirty old Dublin“ nicht mehr allzu viel übrig ist.

TIPP

Vom Dachterrassen-Restaurant des Hotels The Marker hat man einen tollen Blick über den Platz.

● Grand Canal Square, Docklands, Dublin 2

● ÖPNV: Bus C1, C2, C3, C4, 47, 56A, 77A bis Stop 353, Grand Canal Quay, Grand Canal Dock

BORD GAIS

Poet mit Liebeskummer

3 Patrick Kavanaghs Parkbank am Grand Canal

„On Pembroke Road look out of my ghost" – keine gewöhnliche Bitte, aber es war auch kein gewöhnlicher Mann, sondern der Dichter Patrick Kavanagh, der seine Leser aufforderte, auch lange nach seinem Tod in Dublin nach seinem Geist Ausschau zu halten. Er wusste, dass er unvergängliche Spuren in der Stadt hinterlassen würde. In der Raglan Road zum Beispiel, wo er im Jahr 1944 zum ersten Mal der großen Liebe seines Lebens begegnete – Hilda Moriarty. Eine dunkelhaarige Schönheit, die in Hollywood Filmkarriere hätte machen können, aber lieber Medizin in Dublin studierte, nebenbei Kavanagh den Kopf verdrehte und ihn schließlich für eine bessere Partie sitzen ließ. „On Raglan Road" heißt das Gedicht, in das Kavanagh all seinen Herzschmerz fließen ließ und das in der Vertonung durch die irische Folkband The Dubliners berühmt wurde.

In seinem Kummer suchte Kavanagh oft Trost an seinem Lieblingsort, einer Stelle am Grand Canal nahe der Baggot Street Bridge. Wenn er dort seine Gedanken mit dem Wasser fließen lassen konnte, beschrieb er die Wirkung auf ihn als geradezu seelsorgerisch. So verbunden hat er sich diesem Ort gefühlt, dass er sich wünschte: „Commemorate me, where there is water, canal water, preferably, so stilly greeny at the heart of summer."

TIPP

Am Royal Canal ist auf der Bank neben der Statue des Schriftstellers Brendan Behan ein Platz frei.

Heute sitzt eine lebensgroße Bronzeskulptur des Dichters auf einer Bank an seinem alten Lieblingsplatz am Grand Canal. Die Arme vor der Brust verschränkt, die Tageszeitung in die Jackentasche gesteckt blickt Kavanaghs Statue auf vorbeiziehende Schwäne und Reiher, die versteckt im Uferschilf stehen. Ich leiste ihm bei schönem Wetter gern Gesellschaft, schaue auf das dunkle Wasser des Kanals, das silberne Sonnenstrahlen reflektiert, und höre dabei „On Raglan Road" in einer Version von Van Morrison: „On Raglan Road on an Autumn Day, I saw her first and knew, That her dark hair would weave a snare, That I might one day rue." Und dann bin ich mir sicher, dass ich ihn gefunden habe – den Geist von Patrick Kavanagh.

● Patrick Kavanaghs Parkbank, Wilton Terrace, nahe Baggot Street Bridge, Dublin 2
● ÖPNV: Bus 38, 38A, 39, 70 bis Stop 7333, Mespil Hotel, Dublin City South

Fließend genießen

4 Boat Restaurant – Grand Canal

In meiner Vorstellung von Glücksmomenten spielen Sonne, Wasser und leckeres Essen eine wichtige Rolle, und nichts verheißt die Erfüllung meiner Wünsche besser als ein schwimmendes Restaurant. Nun ist Dublin nicht gerade die Sonnenhauptstadt der Welt, wenn sich das irische Wetter aber von seiner besten Seite zeigt und am tiefblauen Himmel nur gutmütige, dicke Wattewölkchen hängen, steht einem Spaziergang zum Grand Canal nichts im Wege. Dort wartet das Boat Restaurant „MV Cadhla" auf die Gäste einer zweistündigen Dinner-Kreuzfahrt.

Während das Essen frisch in der Bordkombüse zubereitet wird, gleitet das Boot sanft auf einem der schönsten Abschnitte des Grand Canal dahin. Olivgrün, an manchen Stellen auch tiefschwarz, und unendlich träge ruht das Wasser. Im Zeitlupentempo fließt die Landschaft an den Passagieren vorbei. Zur Linken Schilf und Trauerweiden, unter die sich aufgescheuchte Enten flüchten, zur Rechten georgianische Häuserzeilen und vor allem romantische Brücken und jahrhundertealte Schleusen, die immer noch von Hand bedient werden. Bis zum Shannon könnte man auf dem Grand Canal fahren, der Ende des 18. Jahrhunderts erbaut wurde, um Getreide, Torf und Bauholz von West nach Ost zu transportieren. Auch Guinness beförderte seine gefüllten Holzfässer über diese 131 Kilometer lange Wasserstraße. Die „MV Cadhla" ist ein Nachbau eines solchen Schleppkahns, den die Brauerei in den 1920er-Jahren einsetzte, er wird allerdings mit modernster Elektrik betrieben, sodass nichts die Ruhe während einer Kanalfahrt stört.

Gelassen blinzeln die Gäste in die Sonne und genießen die sehnsüchtigen Blicke, die ihnen Fußgänger vom Ufer aus zuwerfen. Die Zeit an Bord ist so entspannend, dass man beinahe das dreigängige Menü vergisst, das unter Deck serviert wird und immer eine delikate Auswahl an Fisch-, Fleisch- und Gemüsegerichten bietet und mit Desserts der kulinarischen Oberklasse endet. So fühlt es sich an, wenn Koch, Kapitän und Wettergott die Zutaten zum Glück liefern.

TIPP

Wanderer führt der Grand Canal Way auf Uferpfaden bis zum Shannon Harbour. www.waterwaysireland.org

- Boat Restaurant, Mespil Road, Dublin 4, D04 V4H9, Tel. +353 1/4 73 10 00 www.canalboatrestaurant.ie
- ÖPNV: Bus 38, 38A, 39, 70 bis Stop 7333, Mespil Hotel, Dublin City South

baile Athacliath
DINNER CRUISES · PARTIES · EVENTS
www.CANALBOATRESTAURANT.IE

In der Hauptrolle ...

5 Stella Cinema – Kino & Cocktail-Bar

Früher war auch in Dublin nicht alles besser, aber manches sehr viel schöner. Noch bis zur Mitte der 1950er-Jahre gab es in der Stadt und ihren nahen Vororten nicht weniger als 56 Kinos, von denen eines stilvoller als das andere war. Die meisten wurden jedoch abgerissen und durch moderne Bürogebäude und Kaufhäuser ersetzt, und das, obwohl Irland stets eine der höchsten Raten von Kinobesuchen pro Kopf in Europa verzeichnete. Die Iren sind vom Kino geradezu besessen. Deshalb war die Begeisterung groß, als sich Dublin seiner noch existierenden alten Lichtspielhäuser erinnerte. Eine Renaissance der prunkvollen Filmpaläste setzte ein, und nach Jahren der Vernachlässigung wurde 2017 schließlich auch das einst größte Kino Irlands wieder zum Leben erweckt – The Stella Theatre.

TIPP

Cineasten sei der Besuch des Irish Film Institute mit Kinos und Filmarchiv empfohlen. www.ifi.ie

1283 Sitzplätze bot das Haus bei seiner Eröffnung im Jahr 1923. Dass es heute nur 216 sind, gibt einen ersten Hinweis auf die luxuriöse Geräumigkeit, die das Publikum dort erwartet. Menschen, die sich schon über eine Armlehnenbreite von 15 Zentimeter freuen, werden in Euphorie geraten beim Anblick der großzügigen Ausstattung des Saales mit tiefen roten Ledersesseln, Fußhockern zum Ausstrecken der Beine und kleinen, runden Tischen, auf denen ein Kellner Essen und Getränke serviert. Wer es noch bequemer möchte, bucht eine der doppelbettgroßen Liegeflächen in der ersten Reihe, um den Film in Kaschmirdecken eingekuschelt zu genießen. Neben Blockbustern für das große Publikum laufen auch Kinoklassiker, spezielle Mitternachtsvorstellungen und am Wochenende Familienfilme.

Da lümmelt man dann in einen herrlich bequemen Sessel, nascht von seinen Zimtchurros, bewundert die vielen ursprünglichen Details der Decken- und Wanddekoration im üppigen Art-déco-Stil, die bei der Renovierung sorgfältig rekonstruiert wurden, und beginnt langsam zu ahnen, dass man nach dem Besuch dieses glamourösen Lichtspielhauses für alle Zeiten verloren ist für die öden Standard-Multiplex-Kinos.

- Stella Cinema, 207–209 Rathmines Road Lower, Dublin 6, D06 W403, Tel. +353 1/4 96 70 14, www.stellacinemas.ie
- ÖPNV: Bus 14, 15, 15B, 65B, 83, 140 bis Stop 1076, Swan Centre, Rathmines

Windspiele

6 Kitesurfen am Poolbeg Beach

Erfunden haben die Iren den Wind zwar nicht, aber der in Irland geborene Francis Beaufort war an der Entwicklung der nach ihm benannten Messskala beteiligt, nach der die Stärke des Windes in 13 Stufen eingeteilt wird. So weiß man, ob man sich das Geld für den Friseurbesuch besser spart, ob mit fliegenden Hundehütten und Dachziegeln zu rechnen ist oder ob es sich lohnt, zum Poolbeg Beach zu fahren. Bei guter Windprognose hüpfen dort in der Bucht knallbunte Flöhe auf dem Meer umher – lauter Kitesurfer mit ihren vielfarbigen Schirmen.

Kitesurfen, das ist eine spektakuläre Mischung aus Segeln und Fliegen, bei der ein Lenkdrache (englisch: kite) den Surfer über das Wasser und mitunter auch hoch in die Luft zieht. Die Füße sind dabei mithilfe einer Bindung am Brett festgeschnallt. Die Größe des Schirms und die Länge der Leine, mit denen der Kite gelenkt wird, richten sich nach der Windstärke. Es sieht so leicht aus, wenn die Kiter über das Wasser sausen, in die Luft abheben und nicht gleich zurück ins Wasser plumpsen, sondern einige Sekunden am Kite durch die Luft schweben. Zeit, in der Kiteprofis waghalsige Sprünge und Loops machen, als wäre die Schwerkraft egal. Geschwindigkeiten von bis zu 80 Kilometern pro Stunde garantieren außerdem den Speedkick. Kitesurfen gehört zu den schnellsten vom Wind abhängigen Sportarten der Welt.

TIPP

Anfängerkurse am Poolbeg Beach bietet Kitesurfing Dublin (www.kitesurfingdublin.com) an.

Wer so dahinfliegt und springt, muss glücklich sein, denkt der blutige Anfänger und meldet sich für einen Kitesurfer-Kurs an, fest entschlossen, der Gewalt der Irischen See und den Launen des Windes zu trotzen. Zum Start den Drachen Richtung Wasser lenken, lossprinten und aufs Brett springen, nur leider nehmen die Gesetze der Physik immer nur bei den anderen eine Auszeit. Man selbst eiert, verheddert sich, fällt wenig graziös und schluckt sehr viel Salzwasser. Wer aber einmal die perfekte Balance erzielt hat und einige Meter ohne Sturz dahingleitet, der will unbedingt weitermachen, um mit den anderen Kitern durch die Poolbeg-Bucht kreuzen zu können.

- Kitesurfen am Poolbeg Beach, Pigeon House Road, Dublin 4
- ÖPNV: Bus S2 bis Stop 7934, Sandymount Strand oder Stop 369, Pine Road, Irishtown, 5 Minuten Fußweg

Loseblattsammlung

7 Wall & Keogh Tea Lounge

Was tun an lichtscheuen Tagen, wenn der Dubliner Regen einem penetrant auf die Schulter klopft und ein strähniger Wind unter die Kapuze fährt? Am besten, man lässt sich trösten vom „Prinz von Persien“, vom „Sonnentanz“ oder von „Einhorntränen“. So poetische Namen tragen die Tees von Wall & Keogh. Draußen deprimiert verwaschenes Himmelsgrau, drinnen erquickt eine Tasse voller „Setz die Katze aus“ Teeliebhaber und solche, die es nach dem Genuss dieser Mischung aus Süßholzblättern, Lavendel, Minze, Kamille- und Lindenblüten gerade geworden sind.
Beutel kommen hier niemandem in die Tasse, weil Bleichmittel, Klebstoffe und Chemikalien im Papier stecken und weil Tee sich beim Aufquellen sonst gar nicht richtig entfalten kann. Nur wer schlechten Tee verkaufen will, muss ihn im Beutel verstecken, meint Oliver T. Cunningham, Inhaber von Wall & Keogh. Er hat viele Jahre auf Teeplantagen in Vietnam, Indien und Brasilien gearbeitet, um vom Anbau über Verarbeitung bis zum Handel wirklich alles über sein Lieblingsprodukt zu wissen. Noch leisten er und sein Team echte Pionierarbeit. Beim Kaffee haben inzwischen auch die Iren Anspruch entwickelt, sie erwarten, dass ausgebildete Baristi Bohnen in richtiger Menge frisch mahlen und auf die exakte Temperatur beim Erhitzen des Wassers achten. Einen sorgfältig zubereiteten Tee aber gibt es in Dublin nur an wenigen Orten. Bei Wall & Keogh wertschätzen sie guten Tee und sind stolz darauf, rund 150 Sorten allerbesten Loseblatt-Tees im Angebot zu haben, um allen Geschmäckern gerecht zu werden. Bis zum Rand füllen Klassiker, traditionelle Mischungen und selbst kreierte Trendtees die hohen Gläser auf den Verkaufstresen.
Wie es sich für die Kunst der Teezubereitung gehört, kann ein Aufguss bei Wall & Keogh zwischen 3 und 15 Minuten dauern – Zeit, sich zurückzulehnen, den hausgemachten Bananenkuchen zu probieren, ein Buch zu lesen und auf das alte Sprichwort zu vertrauen, das da lautet: „Wenn dir das Wetter in Irland nicht gefällt, warte einfach fünf Minuten.“

- Wall & Keogh, 45 Richmond Street South, Dublin 2, D02 XD93
www.wallandkeogh.com
- ÖPNV: Bus 14, 15A, 15B, 65B, 83, 140, 142 bis Stop 1016, South Richmond Street, Portobello

Rampai
RAMPS
WALL & KEOGH

Das Knusperhäuschen

8 The Bretzel Bakery

1A – wenn damit gleichzeitig Hausnummer und Güteklasse gemeint sind, kann es sich nur um die Bretzel Bakery in Dublin handeln. Die bietet in der 1A Lennox Street Backwaren von höchster Qualität. Der signalrote Fassadenanstrich des Hauses und der Duft von frischem Brot, der auf die Straße dringt, haben gleich doppelte Stoppschildwirkung auf die Passanten: Achtung! Das ist kein gewöhnlicher Aufbackwarenhandel, der einen mit pappigen Industrieprodukten abspeisen will. Hier wird nach bester Bäckertradition und alten Rezepten gearbeitet, und das schon seit 1870.

In diesem Jahr eröffnete der jüdische Bäcker Grinspon sein Geschäft im Dubliner Viertel Portobello, das lange Zeit Zentrum der jüdischen Gemeinde in Irland war und deshalb auch den Beinamen „Little Jerusalem“ trug. Generationen jüdischer Dubliner bekamen hier ihre koscheren Brote, und für das runde Gebäck mit dem Loch in der Mitte stand man vor der Backstube in Portobello schon Schlange, lange bevor die große Bagel-Welle aus den USA zu uns herüberschwappte und die ursprünglich aus Osteuropa stammenden Kringel quasi reimportiert wurden. Challot, geflochtene Weißmehlbrote zur Feier des Schabbat, hat die Bretzel Bakery auch heute noch im Sortiment, ebenso wie würzige Sauerteigbrote, klassisch irisches Sodabrot, Fenchel- und Tomatenbrötchen, Baguettes, Kuchen, Kekse und Foccacias. Ein ganzer Wall verlockender Backwaren türmt sich hinter der Verkaufstheke. Ist die schwere Wahl dann endlich auf Karamellkuchen, Birnen-Tarte oder herzhafte Sandwiches gefallen, kann man die Leckereien auch gleich im angeschlossenen kleinen Café genießen.

Als im Jahr 2000 die Besitzer wechselten, fürchtete manch Kunde den Verlust seines lieb gewonnenen Gebäcks. Doch William Despard ließ den über 100 Jahre alten Steinofen in Betrieb und setzte weiterhin auf natürliche Zutaten und schonendes Gehen der Teige. So wird die Bretzel Bakery noch lange an Dublins kulinarischer Geschichte mitschreiben.

- The Bretzel Bakery, 1A Lennox Street, Portobello, Dublin 8, D08 RK23, Tel. +353 1/4 75 94 45, www.bretzel.ie
- ÖPNV: Bus 14, 15A, 15B, 65B, 83, 140, 142 bis Stop 1016, South Richmond Street, Portobello

The Bretzel Bakery
BRETZEL BAKERY
EST 187
1a Lennox Street, Portobello, Dublin 8
WWW.BRETZEL.IE
BRETZEL
Estd.
1870
BAKERY

Sechs Gänge to go

9 The Eatyard

Dublin entdeckt Streetfood nicht erst jetzt. Lange bevor Garküchen und Food Trucks nach asiatischem Vorbild auch in Europa in Mode kamen, futterten die Iren schließlich schon ihr Fish and Chips und probierten Döner, Samosas und Satay-Spieße. Inzwischen ist das Angebot aber nicht nur vielschichtiger und bunter geworden, sondern wird effektvoll in Szene gesetzt. Auch die Betreiber des 2016 eröffneten Streetfood-Marktes The Eatyard wollen „das Essen auf der Straße“ zu einem Ereignis machen, das in Erinnerung bleibt.

Reichlich Lichterketten, rustikale Holzbänke und regelmäßige Live-Musik sorgen für Festivalstimmung. Die Stände und Foodtrucks haben nach einem Umzug des Eatyards von Portobello hinüber zur Cross Guns Bridge nun direkt neben dem Royal Canal ihren festen Platz gefunden. Von Donnerstag bis Sonntag gehen dort die kulinarischen Häppchen direkt von der Hand in den Mund. Die Leckereien reichen von asiatisch bis amerikanisch, von vegan bis fett-fleischig und von kalorienarm bis bombastisch zuckerhaltig. Wer nur einen netten, kleinen Imbiss erwartet, wird überrascht von echten Gourmet-Happen, quasi Streetfood de luxe. Nur weil etwas schnell zu verspeisen ist, muss das ja nicht bedeuten, dass es nicht raffiniert zubereitet sein kann. Krabbenomelett mit Kräutern verfeinert, Bio-Burger mit Kimchi, Ziegenfleischspieße und Burritos, Papayasalat oder frittiertes Wurzelgemüse, so genial gewürzt, dass man mit nur einem Bissen süß, sauer, bitter, scharf und salzig gleichzeitig schmeckt. Zum Abschluss noch Waffeln, Donuts oder eine Dessert-Pizza aus weichem Keksteig, bedeckt von Schokolade?

Einige Köche brutzeln, braten und backen hier jede Woche, andere Anbieter wechseln sich ab und kehren in unregelmäßigem Turnus wieder. Das Imbissangebot ist also nie dasselbe. Wiederkommen aber muss man ohnehin. Weil es unmöglich ist, bei einem einzigen Besuch alles zu probieren, was Gaumenfreuden verspricht, und weil die Atmosphäre im leckersten Winkel der Stadt so herrlich entspannt und gesellig ist.

- The Eatyard, Cross Guns Bridge, Dublin 9, D09 XW44, the-eatyard.com
- ÖPNV: Bus 40, 40D bis Stop 838, Whitworth Road, Drumcondra

ARCHWAY
LAGER
FRANCISCAN WELL
PRESENTS
EATYARD

Die Heimat der Musik

10 National Concert Hall

Wenn es stimmt, dass Musik ein Fenster zur Seele öffnet, dann fahren die Besucher der National Concert Hall im vollverglasten Panoramawagen durch die Tiefen ihres Innersten. Nein, das ist keine Übertreibung. Musik ist die älteste und emotional dichteste Kunstform. Sie kann ergreifen und begeistern, sie kann uns zum Weinen bringen oder trösten, und sie kann Menschen verwandeln. Die National Concert Hall verstärkt die Wirkung der Musik, und das nicht allein wegen ihrer hervorragenden Akustik oder der markanten Konzertorgel, die den erhabenen, feierlichen Rahmen jeder Aufführung unterstreicht. Musik kann hier auf wahrhaftige Weise gefeiert werden, weil wir uns an der Quelle des Klangs versammelt haben. In Zeiten, in denen Musik meist nur noch aus Kopfhörern kommt, ist es etwas Besonderes, im selben Raum wie die Musiker zu sein und ihr Spiel unverfälscht erleben zu können.

Das hatten sich irische Musikliebhaber schon lange gewünscht, als ihr Traum 1981 mit der Eröffnung der National Concert Hall endlich in Erfüllung ging. Seitdem erfreuen sie sich an der großen Vielfalt von Künstlern aller Genres, von Klassik über Jazz bis Country, von irischen Balladen bis Rap. Rund 1000 Veranstaltungen werden jährlich organisiert. Im Mittelpunkt des musikalischen Geschehens steht jedoch das National Symphony Orchestra der öffentlich-rechtlichen Rundfunkgesellschaft RTÉ. Das 1948 gegründete Orchester gehört zum Besten, was die sinfonische Musik in Irland zu bieten hat. Wenn der Saal verdunkelt wird, die Unruhe im Publikum langsam abebbt und die ersten emporsteigenden Töne sich zu einem unbändigen Jubilieren verdichten, scheint das Entzücken der Besucher mit Händen greifbar. 1200 Zuhörern bietet das Hauptauditorium Platz. 1200 Menschen auf einer gemeinsamen Klangreise, verbunden durch Melodien und Rhythmen und durch die Gefühle, die sie auslösen. Es gibt nur wenige Dinge, die uns auf so leichte Weise zu einer mit Glück erfüllten Gemeinschaft machen können.

TIPP

Zur Einstimmung auf einen Konzertbesuch den Klassiksender RTÉ Lyrik FM (UKW 96–99 MHz) einschalten.

- National Concert Hall, Earlsfort Terrace, Dublin 2, D02 N527, Tel. +353 1/4 17 00 00 www.nch.ie
- ÖPNV: Bus 44, 44D, 125 bis Stop 1013, Earlsfort Terrace, Dublin City South

Das Lächeln der Lady

11 National Gallery of Ireland

Rembrandt, Goya, Caravaggio, Picasso – keine Chance für die kleine Rose, mit den Kunstwerken all dieser Meister um die Aufmerksamkeit der Museumsbesucher zu konkurrieren. Massen drängeln sich deshalb nie vor ihrem Schaukasten, um durch das ovale Fenster zu ihr hineinzuschauen. Da sitzt sie mit zartrosa Wangen und sanftem Lächeln in einem taubenblauen Kleid aus geraffter Spitze. Unter ihrer gerüschten Haube lugen grauweiße Löckchen hervor. Eine Lady, so kultiviert wie die Queen, so liebenswert vorwitzig wie Miss Marple. 17 Zentimeter klein ist dieses filigrane Porträt von Rose Bruce und trotz dieser geringen Größe von enormer Ausdruckskraft. Das liegt auch an dem Material, das die Künstlerin Catherine Andras benutzte – Wachs.
„Keroplastik" nennt man die Kunst der Wachsbildnerei, der man heute fast nur noch in den Wachsfigurenkabinetten der Madame Tussaud begegnet, während sie in Museen zu den absoluten Raritäten gehört. Dabei war die Wachsmodellierung quasi die Pop Art des 18. Jahrhunderts und vor allem beliebt bei den VIPs dieser Zeit, die sich der Nachwelt mit Wachsporträts besonders plastisch und lebensecht präsentieren wollten.
Auch Rose lächelt dreidimensional. Man kann seitlich in ihre Box blicken, um ihr Profil mit den leichten Tränensäcken und weichen Altdamenbäckchen besser erkennen zu können. 71 Jahre alt war sie, als ihr wächsernes Abbild 1799 modelliert wurde. Ihren Mann, ein presbyterianischer Minister aus Dublin, verlor Rose mit 38 Jahren und war fortan allein für die sieben Kinder verantwortlich. Liberal soll ihre Erziehung gewesen sein, liebevoll und selbstlos, und im Ausdruck ihres Porträts kann man die Herzensgüte dieser Frau erkennen und die Zufriedenheit eines Menschen wiederfinden, der mit sich im Reinen ist. Kunstwerke wie dieses trainieren uns darin, das Schöne im Leben zu erkennen, so klein und unscheinbar es auf den ersten Blick auch scheint. Rose lächelt, und in der Scheibe ihres Schaukastens spiegelt sich das Lächeln ihrer Betrachter.

- National Gallery of Ireland, Merrion Square West, Dublin 2, D02 K303, Tel. +353 1/6 61 51 33, www.nationalgallery.ie
- ÖPNV: Bus 4, 7, 7A, 15B, 26 bis Stop 494, Clare Street, Dublin City South

Eine Liebe in Gedichten

12

Yeats-Ausstellung in der National Library

Er war besessen von ihr, jahrzehntelang. Sie lehnte alle seine Heiratsanträge mit der Begründung ab: „The world will thank me for not marrying you." Tatsächlich hat William Butler Yeats' unglückliche Liebe zur schönen Schauspielerin Maud Gonne der Welt einige der wundervollsten Gedichte geschenkt. So unerfüllt sein Sehnen, so produktiv sein Schaffen. Fünf Jahrzehnte blieb Maud die Muse des großen irischen Poeten. Anhand ihrer Briefe und seiner Gedichte können Besucher der Yeats-Ausstellung in der National Library der aufreibenden Beziehung zwischen den beiden nachspüren. Zusammen mit zahlreichen Manuskripten und Auszügen aus Notizheften werden die privaten Dokumente unter einer indirekten Beleuchtung präsentiert. Das verleiht der Ausstellung zwar eine feierliche Atmosphäre, besser zu lesen sind die Texte jedoch auf den Touchscreens, die neben den Vitrinen angebracht wurden. Mit einem Fingerstrich kann man so in den vor rund 100 Jahren geschriebenen Seiten blättern. Aus dieser digitalen Auferstehung von Yeats' Arbeiten zieht die Ausstellung ihre besondere Wirkung, die noch verstärkt wird durch einige Kurzfilme zu wichtigen Themen im Leben des Mannes, der Dichter und Mitbegründer des Nationaltheaters war, der romantischer Liebhaber, Okkultist, Nobelpreisträger und Staatsmann war und insgesamt betrachtet so etwas wie Irlands Goethe.

TIPP

Selbst die Toiletten der National Library sind wegen ihrer Art-déco-Elemente einen Besuch wert.

„Schreib für das Ohr, damit du sofort verstanden wirst", hatte Yeats einmal gesagt. All seine Verse sollten gehört, nicht gelesen werden, und so werden auch an einer Station der Ausstellung Tonaufnahmen von einigen der berühmtesten Yeats-Gedichte gespielt, vorgelesen von bekannten irischen Persönlichkeiten wie Seamus Heaney und Theo Dorgan. Das Highlight jedoch ist Sinéad O'Connor, die mit verletzlich klingender Stimme die Verse von „No Second Troy" vorträgt, ein Gedicht an Yeats' Muse Maud: „Why should I blame her that she filled my days with misery … Why, what could she have done, being what she is?" Wie schön, dass er sie nicht geheiratet hat.

- National Library, 7–8 Kildare Street, Dublin 2, D02 P638, Tel. +353 1/6 03 02 00 www.nli.ie
- ÖPNV: Bus 11, 37, 38, 39A, 46A, 145, 155 bis Stop 747, Kildare Street, Dublin City South

Der Hinterhof-Held

13

Wandbild „The Táin"

Wenn ein freier Parkplatz Glück bedeutet, obwohl man gar nicht mit dem Auto unterwegs ist, dann kann Kunst im Spiel sein, Kunst im öffentlichen Raum. Je freier die Parkflächen, desto besser ist nämlich die Sicht auf das großformatige Mosaikbild, das die Mauer eines Hinterhofs unweit des Trinity Colleges schmückt. Trotz des so zentralen Standortes wissen viele Dubliner nichts von diesem Wandbild. „The Táin" hat der nordirische Künstler Desmond Kinney sein Werk genannt, das Szenen aus einer der bedeutendsten Sagen der mittelalterlichen irischen Literatur zeigt. Dabei geht es um den legendären braunen Bullen von Cooley und den Krieg, den die beiden irischen Provinzen Connacht und Ulster seinetwegen vor rund 2000 Jahren führten. Cú Chulainn heißt der Held dieser Geschichte, der vergleichbar ist mit dem Germanen Hildebrand oder dem Griechen Herakles und genau wie diese beiden auch ein tragisches Ende findet. Cú Chulainn, das weiß in Irland jedes Kind, war unverletzlich, solange er sich an zwei Gebote hielt: kein Hundefleisch essen und keine Gastfreundschaft ausschlagen. Wenig überraschend, dass seine Feinde irgendwann auf die Idee kamen, ihn zu einem Hundemahl einzuladen, und Cú Chulainn damit in einen unlösbaren Konflikt stürzten. Seiner übermenschlichen Fähigkeiten beraubt und schon tödlich verwundet, band er sich mit letzter Kraft an einem steinernen Pfahl fest, um aufrecht stehend zu sterben.

TIPP

Eine lebensgroße Bronzestatue des sterbenden Cú Chulainn steht im Hauptpostamt in der O'Connell Street.

Auch das Bild seines Todes ist auf der Mosaikwand zu sehen, deren kräftige Blau-, Braun- und Rottöne nach einem Regenguss besonders schön funkeln. Einige Dubliner wünschen sich eine Versetzung dieses Kunstwerks an einen prominenteren Platz, damit es nicht durch geparkte Autos und Lieferwagen verdeckt wird. Ich hingegen mag die Vorstellung, dass Menschen extra wegen Cú Chulainn in diesen Hinterhof kommen, vielleicht sogar ganz früh am Morgen, noch vor den ersten Parkplatzsuchenden, und sich das Glück der freien Sicht mit ein wenig Mühe verdienen müssen.

- „The Táin", Setanta Place, Nassau Street, Dublin 2, D02 Y898
- ÖPNV: Bus 4, 7, 7A, 26, 46A, 145 bis Stop 405 oder 406, Nassau Street, Trinity College

Ausgereift

14

Sheridans Cheesemongers

Das Geräusch von warmer Milch, die in einen blechernen Eimer spritzt, die wohltuende Gleichförmigkeit der Rührbewegung beim Verkäsen der Milch, der Stolz auf die wohlgeformten Laibe mit der goldenen Rinde, die Gespräche mit unseren Stammkunden auf dem Markt, die Anstrengung beim morgendlichen Ausmisten der Ställe und die Sorge um kranke Tiere – das sind alles Erfahrungen, die ich ein Jahr lang auf einer irischen Ziegenfarm machen durfte. Seitdem habe ich großen Respekt vor Landwirten und blicke anders auf die Industrieprodukte in den Käsetheken und Kühlregalen unserer Supermärkte.
Früher habe ich über Käsekenner gelächelt, die über Sorten, Konsistenz, Reife und richtige Lagerung von Käse fachsimpeln wie sonst nur Sommeliers über Wein. Heute möchte ich selbst wissen, ob die cremigen Frischkäse und die pikanten Weichkäsekugeln aus Rohmilch sind oder ob veganes Lab zum Eindicken der Milch verwandt wurde. Bei Sheridans Cheesemongers haben sie auf all solche Fragen stets eine Antwort. Die Brüder Kevin und Seamus Sheridan haben ihr Handwerk von der Pike auf gelernt und 1995 mit dem Verkauf von Käse auf einem Markt in Galway begonnen. Mit ihrem Einsatz für die lokale Landwirtschaft haben sie sich schnell einen Namen gemacht und verkaufen heute die besten Käsespezialitäten aus aller Welt. Von Cashel Blue bis Camembert de Normandie, von Parmigiano Reggiano über Saint-Nectaire bis Wicklow Brie reicht der fantastische Querschnitt durch die feinsten Käsedelikatessen.
Der Weg in Sheridans Schlaraffenland ist in Dublin nie weit. Neben dem Hauptgeschäft in der South Anne Street finden Feinschmecker auch in vier Dunnes Stores üppig bestückte Käsetheken: alte, hart gereifte Käsebrocken, weiche, nach Walnuss schmeckende Schnittkäse, in Holzasche gehüllte Ziegenkäse – alles Mitglieder einer Familie, jedoch mit ihrem ganz eigenen, unverwechselbaren Charakter. Selber machen oder bei Sheridans kaufen – zwei Möglichkeiten, um Käse nie mehr für einen beliebigen Brotbegleiter zu halten.

TIPP

Unbedingt den Durrus Cheese probieren, den Jeffa Gill seit 1979 an West Corks Küste herstellt.

● Sheridans Cheesemongers, Dunnes Stores, Stephens Green Shopping Centre, Dublin 2, D02 RD40, Tel. +353 1/5 65 35 80, www.sheridanscheesemongers.com
● ÖPNV: LUAS Green Line bis Stop St. Stephen's Green

SHERIDANS CHEESEMONGERS
Boyne Valley Blue
REGION Co. Louth / Co. Meath
MILK Raw Goat
RENNET Vegetarian
PRODUCER Michael Finegan & Peter Thomas
St. AGUR

Valentins Sprechstunde

15

Whitefriar Street Church

Glück in der Liebe ist in Dublin keine Glückssache, jedenfalls nicht wenn man weiß, wo man sie suchen muss – in der Whitefriar Street Church. Dort hat die Liebe ihre letzte Ruhestätte gefunden, in Form des heiligen Valentins. Dass der Schutzpatron aller Liebenden und Blumenhändler ausgerechnet in Irland geendet ist, soll allerdings nicht den großen Gefühlen, sondern geschickter Rhetorik zu verdanken sein. Weil der irische Karmelitermönch John Spratt predigen konnte wie kein Zweiter, belohnte Papst Gregor XVI. ihn 1836 mit einem Geschenk, das unter katholischen Klerikern damals hoch im Kurs stand: mit den Körperteilen eines Heiligen, einer Reliquie erster Klasse also. Für Spratt durfte es die Asche und ein bisschen Blut des heiligen Valentins sein, für die man in einem Seitenaltar der Whitefriar Street Church einen Schrein baute und eine lebensgroße Statue von Valentin daraufstellte.

Dort wacht sie heute über ein schlichtes Ringbuch, das aufgeschlagen ausliegt. „Danke, dass er zurückgekommen ist" lautet beispielsweise ein Eintrag darin, begleitet von einem grinsenden Smiley. Seite um Seite haben liebesgeplagte Kirchenbesucher sich in diesem Buch mit ihren Wünschen, Hoffnungen und Ängsten an den kirchlichen Sachverständen in Liebesfragen gewandt. Er möge doch dafür sorgen, dass die Liebe einen endlich findet oder es sich nicht noch einmal anders überlegt. Manche Bittsteller machen es kurz: „Ich vermisse sie." Andere füllen mehrere Seiten mit der Beschreibung ihres Beziehungskonfliktes, während der Stellvertreter der Liebe über ihnen steht, den Kopf leicht nach vorn geneigt, als schaue er ihnen wirklich beim Schreiben zu. Über Valentins Erfolgsquote ist nichts bekannt, aber es ist ziemlich sicher, dass all die Trauernden und Betrogenen, die Hoffenden, Sitzengelassenen und die Einsamen sich nach dem Lesen Hunderter Herzenswünsche getröstet und nicht mehr ganz so allein fühlen. Hilfe zur Selbsthilfe nennt man das. Auch dafür danke, lieber Val.

TIPP

Am 14. Februar werden Valentins Reliquien aus dem Schrein geholt und die Ringe von Paaren gesegnet.

● Whitefriar Street Church, 56 Aungier Street, Dublin 2, D02 YF57, Tel. +353 1/4 75 88 21, www.whitefriarstreetchurch.ie

● ÖPNV: Bus 9, 16, 65, 68, 83, 83A, 122 bis Stop 4456, Whitefriar Street, Dublin City South

St. VALENTINE
HEAR MY PRAYER
ST.VALENTINE.....listen

Eine Wand voller Kindheit

16

Literarische Fassadenfiguren

Auf den ersten Blick ist an dem Backsteinbau mit seinen weißen Stahlgeländern und den Ecken aus Glasbausteinen nichts Besonderes zu erkennen. Die acht großen Keramikscheiben, die in die Fassade eingelassen sind, fallen erst beim näheren Hinsehen auf. Die darauf abgebildeten Motive wecken bei jedem Erinnerungen, der als Kind von Jonathan Swifts Romanklassiker „Gullivers Reisen" fasziniert war und bei den Abenteuern des Helden im Land der zwergenhaften Liliputaner mitgefiebert hat.

In Ton gebrannt hat der irische Bildhauer Michael Charles Keane einige der schönsten Szenen aus dem Buch. Da ist Gulliver zu sehen, liegend und mit Schnüren an Haaren, Armen und Beinen an den Boden gefesselt, während die Winzlinge auf seinem Körper herumklettern. Andere zeigen, wie eine ganze Armee der Liliputaner unter dem breitbeinig stehenden Gulliver durchmarschiert oder wie er der Königin des kleinen Volkes einen Handkuss durch das geöffnete Fenster gibt. Trotz des lärmigen Verkehrs auf der viel befahrenen Kreuzung werden echte Gulliver-Liebhaber bei der Betrachtung der Bilder ein bisschen gefühlsduselig.

Als sie klein waren, konnten sie schließlich nicht wissen, dass Swifts im Jahr 1726 veröffentlichter Gulliver-Roman eigentlich eine sozialkritische und satirische Abrechnung mit den Verhältnissen der damaligen Zeit war, denn in der von Erich Kästner überarbeiteten Kinderbuchausgabe fehlen alle Gehässigkeiten und Seitenhiebe auf Missstände und Unmoral. Ob Swift sich darüber gefreut hätte, dass die berühmteste Hauptfigur seiner schriftstellerischen Arbeit rund 300 Jahre nach ihrer Veröffentlichung von der Fassade Dubliner Sozialwohnungen prangt, die noch dazu zu den besten gehören, die der öffentliche Wohnungsbau der Stadt zu bieten hat? Die Bewohner jedenfalls sind stolz, dass ihr Haus auf so kreative Art mit einem der populärsten Werke der irischen Literatur verknüpft ist, und Dublin-Besuchern, die vorher keine Gulliver-Fans waren, gefällt es, sich der Stadt nicht nur über ihre touristischen Highlights genähert zu haben.

- Golden Lane Ecke Bride Street, Dublin 8
- ÖPNV: Bus 27, 56A, 77A, 150, 151 bis Stop 2310, Werburgh Street, Dublin City South, kurzer Fußweg

Rezeptfreie Zeitreise

17 Sweny's Pharmacy

„Ich möchte ein Abbild von Dublin erschaffen, so vollständig, dass, wenn die Stadt eines Tages plötzlich vom Erdboden verschwände, sie aus meinem Buch heraus wiederaufgebaut werden könnte", erklärte der irische Schriftsteller James Joyce die Absicht, mit der er sein bekanntestes Werk „Ulysses" geschrieben hatte – eine Hommage auf seine Heimatstadt. Tatsächlich hat sich Dublin seit der Erstveröffentlichung des Romans im Jahr 1922 gründlich verändert: Barney Kiernan's Pub, die Nelsonsäule, das Rotlichtviertel Monto – alles längst verschwunden.
Ein Schauplatz des „Ulysses" hat jedoch überlebt, die alte Apotheke Sweny's. Im fünften Kapitel möchte die Hauptfigur Leopold Bloom dort ein Rezept für seine Frau einlösen und kauft überdies noch ein Stück Zitronenseife. Die viktorianische Originaleinrichtung der 1853 eröffneten Apotheke ist noch genau so, wie Joyce sie beschrieben hat. Auf dunklen Holzregalen fangen blecherne Döschen, Duftkugeln und Mörser Staub, und in den Schubladen des Apothekenschranks lagern stapelweise Rezepturen zur Heilmittelherstellung. Zum eindrucksvollen Erlebnis wird dieser Sprung zurück in die Zeit des „good old Dublin" aber durch ehrenamtliche „Apothekenhelfer". Sie übernahmen Sweny's 2009, als ihr die endgültige Schließung drohte, und begannen damit, Schätze irischer Literatur, alte Fotos, Kitschandenken und natürlich Zitronenseife zu verkaufen. Während der ganzen Woche werden zudem Lesungen gehalten, nicht nur in Englisch, sondern auch in Französisch, Italienisch und Deutsch. Ein Glücksfall für alle, die bislang nicht mutig genug waren, sich der herausfordernden Lektüre von „Ulysses", „Dubliner" oder gar „Finnegans Wake" zu stellen. Wenn nämlich Joyce-Enthusiasten vorlesen, während ihre Zuhörer auf einen Ort der Romanhandlung blicken und bestenfalls sogar Zitronenduft in der Nase haben, erwecken sie gemeinsam Joyce' Werk zum Leben und lassen gleichzeitig das alte Dublin Wort für Wort wiederauferstehen – ganz so, wie es sich der Schriftsteller vorgestellt hatte.

TIPP

Alljährlich am 16. Juni wird in Dublin zu Ehren des „Ulysses" der Bloomsday gefeiert.

- Sweny's, 1 Lincoln Place, Dublin 2, D02 VP65
www.sweny.ie
- ÖPNV: Bus 4, 7, 25, 26, 27, 66, 67, 120 bis Stop No. 494 Clare Street, Lincoln Place

ULISES
IRISH ARCHITECTURAL AN
DECORATIVE STUDIES

Die Schönheit der Schriften

18

Chester Beatty Library

Am Anfang war die schiere Überwältigung, gefolgt von Staunen und Ehrfurcht vor der feierlichen Aura, die von dieser Sammlung uralter Schriften ausgeht. Keinesfalls versäumen dürfe man die Chester Beatty Library, mahnen alle Dublin-Reiseführer und listen dann lieblos Manuskripte, Exemplare des frühen Buchdrucks und Kunstgegenstände aus aller Welt als Gründe für einen Besuch auf. Kaum vorstellbar, dass die Autoren tatsächlich selbst vor den wunderschön ausgeleuchteten Vitrinen gestanden haben, sonst würden sie schwärmen von der vollkommenen Ästhetik persischer Kalligrafiearbeiten, von der Anmut der Zeichen auf japanischen Schriftrollen oder von ihrer geballten Rührung über die Geduld und das künstlerische Geschick, mit denen mittelalterliche Mönche Bibeltexte abgeschrieben haben. Diese einzigartige Sammlung, die der US-amerikanische Bergbaumagnat Chester Beatty den Iren vermacht hat, schenkt ihren Besuchern tiefe Einblicke in die Kunstschätze der großen Kulturen und Religionen der Welt. Indonesische Bücher aus Baumrinde, Papyrusrollen, die jahrhundertelang unentdeckt in der ägyptischen Wüste lagen, die älteste erhaltene Abschrift des 1. Korintherbriefes aus dem 2. Jahrhundert n. Chr., der berühmte Ibn-al-Bawwab-Qur'an oder die mit graziler Schönschrift und Illustrationen in Goldprägung versehenen chinesischen Jadebücher – sie alle erzählen uns von der Kultivierung des Wortes durch Schrift und Kunst und davon, wie ihre machtvolle Wirkung die Zeit überdauert.

TIPP

Über die Orgie von Eindrücken lässt sich auf dem friedvollen Dachgarten der Library sinnieren.

All die Künstler, Schriftgelehrten und Kalligrafen konnten sich die Fremden nicht vorstellen, die viele Jahrhunderte später ihre Arbeiten bewundern und sich in ihren kraftvollen Zeichen und Bildern verlieren würden. Wir aber können auf den Seiten ihrer Bücher in ihre Welt eintauchen. Selbst wenn wir ihre Sprache nicht beherrschen und ihre Buchstaben das Geheimnis ihrer Bedeutung für sich behalten, genießen unsere Augen doch ihre fließende Harmonie. Ein Wunder, das nur die Schönheit der Schrift bewirken kann.

- Chester Beatty Library, Dublin Castle, Dublin 2, D02 AD92, Tel. +353 1/4 07 07 50 www.chesterbeatty.ie
- ÖPNV: Bus 27, 56, 77, 150, 151 bis Stop No. 2310, Werburgh Street, Dublin City South

انه لقرآن كريم
والمحصنات من النسا الا ما ملكت
ايمانكم كتاب الله عليكم و
احل لكم ما وراء ذلكم ان تبتغوا
لا يمسه الا المطهرون
في كتاب مكنون
باموالكم محصنين غير مسافحين
فما استمتعتم به منهن فاتوهن
اجورهن فريضة ولا جناح
تنزيل من رب العالمين

Frittierte Freuden

19 Leo Burdock Fish & Chips

1913 ging Leo Burdock Fish & Chips in die irische Food Hall of Fame ein. In diesem Jahr eröffnete das Ehepaar Patrick und Bella Burdock ganz in der Nähe der Christ Church eine Frittierbude, die sie nach ihrem Sohn Leo benannten. Auf kohlebefeuerten Öfen in Rinderfett ausgebacken und anschließend in Zeitungspapier gewickelt müssen ihre Fish & Chips eine ganz besondere Note von Ruß und Druckerschwärze gehabt haben. Weil sie aber den frischesten Fisch der Stadt verarbeiteten, entwickelte sich ihr kleiner Laden zum Nabel der Dubliner Fish & Chips-Welt. Kein anderer „Chipper" kann sich rühmen, dass schon Edith Piaf hier im Fettdunst gestanden und Supermodell Naomi Campbell lieber daumendicke Pommes frites statt Salat gegessen hat. Bruce Springsteen, Mick Jagger und U2 – das Who's Who der Berühmtheiten, die vor Leo Burdock in der Warteschlange gestanden haben sollen, ist lang, sagt jedoch rein gar nichts über die Qualität des Essens.

Burdock's Fish & Chips gehören tatsächlich zu den leckersten Gründen, seinen Cholesterinspiegel in die Höhe zu treiben, aber ich wage nicht zu beurteilen, ob es die besten der Stadt sind. Was mich immer wieder zu Burdock zurückkehren lässt, sind nicht allein der hausgemachte Spezialessig oder das Wissen, dass ich tatsächlich Kabeljau bekomme und nicht mit billigerem Seelachs getäuscht werde, wie es mittlerweile leider oft üblich ist. Leo Burdock hat eine Revolution, einen Bürgerkrieg, zwei Weltkriege, Finanz- und Wirtschaftskrisen überstanden – der Laden in der Werburgh Street ist älter als die Republik Irland. Er war einfach schon immer da. Burdock-Fans behaupten, dass Noah auch zwei Portionen Cod & Chips mit auf seine Arche genommen und Jesus bei der wundersamen Brot- und Fischvermehrung ein paar frittierte Portionen an die 5000 hungrigen Menschen verteilt habe. Auf einer Bank im Park vor St. Patrick's Cathedral sitzen, über Adam und Evas Frittierkünste nachdenken und sein Fish & Chips essen, wie Gott es gewollt hat – mit den Fingern, das ist Glück.

- Leo Burdock Fish & Chips, 2 Werburgh Street, Dublin 8, D08 HC82, Tel. +353 1/4 54 03 06, www.leoburdock.com
- ÖPNV: Bus 27, 56A, 77A, 150, 151 bis Stop 2310, Werburgh Street, Dublin City South

Fresh Cod & Chips
Premium Selection
Fish Bites
Lemon Sole
RAY SLIDERS & CHIPS
LEO BURDOCK
Est. 1913
FAMOUS FISH & CHIPS
CHRISTCHURCH
TEMPLE BAR
HOWTH
LEO BURDOCK
Est. 1913
Dublin's Oldest Traditional fish & Chips

Heinrich Bölls Lieblingskirche

20 St. Nicholas of Myra

Kaum einer hat die katholische Kirche so kritisiert, aber das katholische Irland so geliebt wie er – Heinrich Böll. Mit seinem „Irischen Tagebuch“ als Baedecker-Ersatz reisen viele Deutsche auf die Grüne Insel und finden auf den Spuren des Schriftstellers in Dublin auch den Weg zur Kirche St. Nicholas of Myra. Die Kirche stammt aus dem Jahr 1829, geht jedoch auf ein Franziskanerkloster des 13. Jahrhunderts zurück. Heinrich Böll sah in ihr einen ganz besonderen Ort.
„Voller Menschen, voller Kitsch war diese Kirche, und sie war nicht gerade schmutzig, aber schusselig; so sehen in kinderreichen Familien die Wohnzimmer aus“, freute er sich, als er bei seinem Besuch ein Gotteshaus voller Gläubiger vorfand, in dem „Religion bis zur Neige ausgekostet“ wurde. Die cremeweiße Eleganz im Inneren von St. Nicholas und das monumentale Erscheinungsbild der neoklassizistischen Architektur lassen mich allerdings zunächst zweifeln, ob ich in der richtigen Kirche gelandet bin. Schusselig erscheint hier gar nichts, und warum nur ließ Böll die reich mit Ornamenten dekorierte Kassettendecke ebenso unerwähnt wie das von Leonardo da Vincis Abendmahl inspirierte Gipsrelief oder die marmorne Pieta zwischen den Granitsäulen eines griechischen Tempels? Vermutlich weil ihn die Gläubigen viel stärker beeindruckt haben als das Interieur.

TIPP

Beachtung verdienen die Buntglasfenster, die unter anderem die Hochzeit von Maria und Josef zeigen.

Auch bei meinem Besuch wimmelt es hier von Menschen, die gemeinsam den Rosenkranz beten. Lippen bewegen sich flüsternd. In den Nischen der Seitenaltäre flackern Kerzen, und Münzen fallen klimpernd in den Opferstock. Da ist sie tatsächlich – die gute Stube des irischen Glaubens, so wie Böll sie beschrieben hat. Die Betenden hier stehen stellvertretend für viele Iren, die nach den Skandalen der katholischen Kirche in den letzten Jahren zwar ein Problem mit ihrem Klerus, nicht aber mit Gott und ihrem Glauben haben. Wer hätte das besser verstanden als der Kirchenkritiker Böll? Egal, wie man selbst zur Religion steht, der speziellen Stimmung dieses Ortes entzieht sich niemand.

- St. Nicholas of Myra, Francis Street, Dublin 8, D08 C7W7, Tel. +353 1/5 15 75 12 www.francisstreetparish.ie
- ÖPNV: Bus 49, 54A, 74 bis Stop 2385, Patrick Street, Dublin City South

ALTARE PRIVILEGIATUM

Mehr Moderne wagen!

21 Irish Museum of Modern Art

Moderne und zeitgenössische Kunst hat es auch in Irland nicht leicht. Zu schwierig, schroff und rätselhaft sei sie und treffe deshalb auch nicht den Geschmack des breiten Publikums, lautet ein häufiges Urteil. Man muss diese Kunst nicht lieben, aber wer sie ignoriert, verpasst die Chance, sich aufwühlen, provozieren, empören oder auch einfach nur auf andere, ausgefallene Ideen bringen zu lassen.

Zeitgenössische Kunst kann als Genosse der Zeit verstanden werden, als Hilfe für die Zeit, wenn sie Probleme hat, hatte der Kunstkritiker Boris Groys gesagt, und wer sich auf diesen Gedanken einlassen möchte, der besucht in Dublin das Irish Museum of Modern Art (IMMA). Ende des 17. Jahrhunderts nach dem Vorbild des Pariser Hôtel des Invalides als Altenheim für Veteranen erbaut, zog im Jahr 1991 das IMMA in Irlands größtes klassizistisches Gebäude ein und schuf einen reizvollen Kontrast zwischen moderner Kunst und historischem Ort.

Neben einer kleinen Dauerausstellung zeigt das Museum auch mehrmonatige Wechselausstellungen irischer und internationaler Gegenwartskunst in ihrer gesamten Bandbreite von Video- und Konzeptkunst, Performances, Fotografie, Malerei und Bildhauerei. Kunst, die nicht schön oder gefällig sein muss, die nicht vom Alltag ablenkt, mit Heile-Welt-Bildern zu trösten versucht und die ihre Bedeutung oft nicht sofort erkennen lässt. Solche Kunst zu erleben heißt, seinen Wahrnehmungssinn auszuloten, mit alten Sehgewohnheiten und Vorstellungen von Realität zu brechen. Dann werden die Wunderlichkeiten, absurden Gleichnisse und abgründigen Seelenbilder erkennbar in den ungeschönten Nacktbildern von Lucian Freud, den quadratischen Farbfeldern von Sean Scully, in Ciarán Murphys melancholischen Wasserfarbenbildern oder Andrea Geyers mehrkanaligen Videoinstallationen. Mit ihren Augen zu sehen, lässt begreifen, dass der eigene Blick auf die Welt nur einer von vielen möglichen ist. Es kann eine echte Bereicherung sein, sich selbst ein Bild von dieser Kunst zu machen.

TIPP

Spannende zeitgenössische Kunst zeigt auch The MART-Gallery im Stadtteil Rathmines. www.mart.ie

- Irish Museum of Modern Art, Royal Hospital, Military Road, Kilmainham Lane, Dublin 8, D08 FW31, Tel. +353 1/6 12 99 00, www.imma.ie
- ÖPNV: LUAS Red Line bis Stop Heuston Station, 8 Minuten Fußweg über Military Road

GartenGeschichtenGarten

22 Royal Hospital Kilmainham Gardens

„She's not good in bed, but better up against the wall", erklärt eine ältere Dame und freut sich sichtlich über die verdutzten Gesichter ihrer Zuhörer, zu denen sie sich einfach auf die Parkbank gesetzt hat. Um ins Gespräch zu kommen, plaudert sie aber nicht etwa schlüpfrige Bettgeschichten aus. Sie schwärmt lediglich von einer speziellen Rosensorte mit dem schönen Namen Lady Hillingdon, die nicht im Beet gedeiht, sondern bevorzugt an einer Wand emporrankt.

Die Kunst der Rosenpflege beherrschen die Gärtner des Royal Hospital Kilmainham (RHK) offensichtlich auch. Besucher können an prächtig blühenden Rosenstöcken vorbeiwandeln, an gestreiften Stechpalmbüschen, kugel- und kegelförmig geschnittenen Bäumen, zarten Blumenbordüren und Mauern, die über und über von Blauregen bedeckt sind. Bei dem einzelnen Grabstein, der vor einer dieser Mauern steht, handelt es sich um Dublins wahrscheinlich ungewöhnlichste Begräbnisstätte. Dort ruht Vonole, ein hochdekoriertes Militärpferd. Nach vielen tapfer überstandenen Kriegseinsätzen bekam Vonole in dem eigentlich nur für zweibeinige Kriegshelden vorgesehenen Veteranenheim des RHK seinen wohlverdienten Ruhestandshafer, bis er 1899 starb und in der Gartenanlage mit allem militärischen Pomp bestattet wurde.

Über die Gärten und die Historie des Hospitals lassen sich unendlich viele Geschichten erzählen. Lebendig und spannend wird dieser Ort aber erst durch die Geschichtenerzähler, und von denen trifft man hier mehr als anderswo. Wie schön, sich einfach auf einer Parkbank oder auf der weiten Wiesenfläche zu lümmeln, gemeinsam mit Rosenliebhaberinnen und Büroangestellten in der Mittagspause, mit Studenten beim Sonnenbad und Senioren samt Hund – und alle tragen sie das jedem Iren angeborene Plauder-Gen in sich und haben Dutzende kleine Storys parat. Gut, sich die Zeit zum Zuhören zu nehmen. Das schönste Souvenir, das auch Jahre nach einem Dublin-Besuch noch glücklich macht, ist nämlich die Erinnerung an Dublins Menschen und an all ihre Geschichten.

TIPP

Mehr Geschichte(n) gibt es auf dem nahen ältesten Friedhof Dublins und www.paulobrienauthor.ie.

● Royal Hospital Kilmainham Gardens, Military Road, Kilmainham, Dublin 8
● ÖPNV: LUAS Red Line bis Stop Heuston Station, 8 Minuten Fußweg über Military Road

Heilung für erkältete Herzen

23 St. Patrick's Cathedral

St. Patrick's Cathedral, Irlands größte Kirche, gehört zu den meistbesuchten Sehenswürdigkeiten Dublins. Hier soll der heilige Patrick Gläubige mit dem Wasser einer geweihten Quelle getauft haben, und hier liegt auch Jonathan Swift, Schriftsteller und langjähriger Dekan der Kathedrale, mit seiner Gefährtin Esther Johnson unter blank geputzten Messingplatten begraben. Nach Meinung mancher Besucher allerdings zu blank geputzt. „An Swifts Grab hatte ich mir das Herz erkältet, so sauber war St. Patrick's Cathedral, so menschenleer und so voll patriotischer Marmorfiguren", beklagte sich beispielsweise Heinrich Böll nach seinem Besuch dort.

Vielleicht hätte sich der deutsche Schriftsteller mit der Sterilität der Kirche versöhnen können, wenn er den unscheinbarsten Gegenstand gesehen hätte, mit dem heute in der Kathedrale an Jonathan Swift erinnert wird. Damit ist nicht die Kanzel gemeint, von der er predigte, und auch nicht der Abdruck seines Schädels oder seine spitznasige Totenmaske, die in einer Vitrine der Kathedrale aufbewahrt werden. Das wohl am wenigsten beachtete Ausstellungsstück ist eine kleine Binsenlampe aus Eisen. Mit Talg oder Fett imprägnierte Pflanzenfasern von Binsen oder Schilf wurden zwischen die Metallklammer solcher Leuchter geklemmt und entflammt. „Arme-Leute-Lampen" wurden sie auch genannt, weil sie weit günstiger waren als teure Wachskerzen. Im Licht der Binsenlampe sollen Swift und seine Esther, von ihm liebevoll „Stella" genannt, eng beieinander in einer Bank der Kathedrale gesessen und in einem Buch gelesen haben.

Welche Art Beziehung sie genau zueinander pflegten, blieb ein großes Geheimnis. Einige Historiker glauben, Swift hätte Stella 1716 heimlich geheiratet, andere behaupten eine zwar innige, aber rein platonische Bindung zwischen den beiden. Sicher ist, dass in St. Patrick's Cathedral nichts so romantisch und herzerwärmend ist wie die kleine Binsenlampe. Bei deren Anblick hätte auch Heinrich Böll Heilung für sein erkältetes Herz gefunden.

- St. Patrick's Cathedral, St. Patrick's Close, Dublin 8, D08 H6X3, Tel. +353 1/4 53 94 72, www.stpatrickscathedral.ie
- ÖPNV: Bus 27, 49, 54A, 56A, 74, 77A, 150 bis Stop 2383, Patrick's Cathedral, The Coombe

ESTHER
JOHNSON
(STELLA)
Ob:
28 Jan 1728
SWIFT.
Dean: 1713:
Obt 19 Oct: 1745.
ÆT: 78.

Glück kneten

24

Dublin Cookery School

„Do as the locals do“ lautet der einschlägige Tipp, um sich einem fremden Land auf die bestmögliche Weise zu nähern. Wir würden es nur zu gern wie die Einheimischen machen, denn nach einigen Tagen auf der Grünen Insel sind wir auf den Geschmack gekommen und wollen auch daheim nicht auf den Genuss von Soda Bread und Brown Bread verzichten, nicht auf das süße Hefebrot Barmbrack, auf das „Farl“ genannte Kartoffelbrot und auch nicht auf das in Dublin sehr beliebte Weißbrot Turn-over Grinder.

Wer so backen will wie die Iren und die Finger von fertigen Backmischungen lassen möchte, der braucht nicht nur Zeit, sondern vor allem Kenntnisse in der komplexen Wissenschaft des Brotbackens und deren Methoden. Die kann man sich manchmal in den Küchen netter Bed & Breakfast-Betreiber abschauen, die einem das geheime Familienrezept für Sodabrot verraten, besser als in der Dublin Cookery School wird man in der Kunst des Backens aber bestimmt nirgends eingewiesen. Lustiger, als allein Rezepte zu studieren, ist es in der Gruppe sowieso, und die Kursleiter haben Tipps und Tricks parat, die sich in keinem Backbuch finden lassen. In mehrmonatigen Lehrgängen, Tages- oder Kurzzeitkursen lernen die Teilnehmer alles, was man für die Herstellung von Cupcakes, Donuts, Torten, Keksen, Kuchendekorationen oder Weltklassebroten wissen muss.

TIPP

Neue Backideen findet man auch im Cake Café in der Camden Street, Dublins bestem Kuchenbäcker.

Mehlsorten, Umgebungstemperatur und Knetdauer beachten und dann auch noch Fingerspitzengefühl beim Kneten beweisen, während einem der Kursleiter über die Schulter schaut. Spüren, wie geschmeidig sich der glatte Teig anfühlt, riechen, wie er duftet, zuschauen, wie im Ofen die goldbraune Kruste reißt, und hören, wie wohlig es knistert, wenn auf die noch heißen Laibe ein Wassernebel gesprüht wird, um der Kruste Glanz zu verleihen. Nach dem Brotbackseminar ist klar: Talent braucht es nicht, aber sehr viel Hingabe, und die wird belohnt mit aromatischen Broten und mit der Gewissheit, den Geschmack Irlands mit nach Hause nehmen zu können.

- Dublin Cookery School, 2 Brookfield Terrace, Blackrock, Co. Dublin, A94 C9Y5, Tel. +353 1/2 10 05 55, www.dublincookeryschool.ie
- ÖPNV: Bus 114 bis Stop 3167, Brookfield Terrace, Blackrock

Stil? Voll!

25 Nancy Hands Pub

Das große Pub-Sterben ist in Dublin ausgeblieben. In ländlichen Regionen des Landes schließen die heiligen Hallen des Rausches und der Kontaktpflege in großer Zahl. Für Irlands Hauptstadt mit ihren über 1000 Kneipen gilt hingegen immer noch, was bereits James Joyce festgestellt hat: ein Rätsel, wie man Dublin durchqueren kann, ohne einen Pub zu passieren. Allerdings hat sich der Charakter vieler Public Houses grundlegend verändert. Von den viktorianischen Trinkpalästen sind nur noch eine Handvoll übrig, stattdessen eröffnen immer mehr Themen-Bars im Retrolook, in deren künstlicher Kulisse Pub-Leben als Folklore für Touristen inszeniert wird.

Dass es auch anders geht, beweist Nancy Hands. Zwei Jahre lang haben die Besitzer jedes Detail durchdacht und ihren neuen Pub wie ein Puzzle aus vielen geschichtsträchtigen Stücken zusammengesetzt, bis sie ein stimmiges und stilvolles Ganzes ergaben. Aus alten Fässern wurden Tische, und Planken aus dem Dubliner Hafen dienen als Parkett. Der Bartresen aus massivem Mahagoni war jahrzehntelang im Besitz einer Londoner Bank. Hinter dem Tresen prangt ein viktorianisches Schreinerjuwel aus einer alten Apotheke, ein raumhoher Schrank mit Türen aus gebogenem Glas, hinter denen die Whisky-Sammlung des Hauses – eine der eindrucksvollsten in ganz Irland – präsentiert wird. Die Wände werden von schottischen Buntglasarbeiten geschmückt, von Gemälden und einer Kollektion originaler Guinness-Reklametafeln. Eine breite Mahagoni-Treppe, die einst im Trinity College stand, führt in den ersten Stock, wo eine lange Reihe reich geschnitzter Kirchenchorstühle und ein wuchtiger Kronleuchter dem Pub-Restaurant eine mittelalterliche Atmosphäre verleihen. Als Überlebende lang vergangener Zeiten schaffen die Einrichtungsgegenstände ein Ambiente, das nicht Authentizität imitiert, aber so besonders und behaglich ist, dass Nancy Hands noch lange an Dublins Pub-Geschichte mitschreiben und das Aussterben der Kneipen-Kultur verhindern kann.

TIPP

Eine hervorragende Adresse ist auch The Cobblestone Pub im Smithfield-Quartier. www.cobblestonepub.ie

- Nancy Hands Pub, 30–32 Parkgate St, Dublin 8, D08 W6X3, Tel. +353 1/6 77 01 49 www.nancyhands.ie
- ÖPNV: Bus 26, 69, 99 bis Stop 7078, Parkgate Street, Phoenix Park

CLOCK & REPAIR DEPT
GUINNESS for strength

Die Ruhestifterin

26 Croppies Memorial Park

Ihre Karriere begann als nackte Frau in der Fußgängerzone, wo sie für einigen Aufruhr sorgte. Gedacht war das völlig anders. Anna Livia, eine fünfeinhalb Meter lange Bronzefigur, war in Auftrag gegeben worden, um Dublins Millennium im Jahr 1988 mit einer neuen Skulptur im Stadtzentrum zu feiern. Zu diesem Zweck ließ sich der Bildhauer Éamonn O'Doherty von James Joyce' Romanfigur Anna Livia Plurabelle inspirieren, die eine Verkörperung von Dublins Fluss Liffey darstellt. Mit langen Haaren, die sich in weichen Wellen über den Körper legen und bis an die Fußknöchel reichen, gibt auch O'Dohertys Anna-Livia-Statue eine prima Flussgöttin ab. Sie ist ein gelungenes Symbol für die Liffey, die aus den Heidemooren der Wicklow Hills durch das Flachland von Kildare zieht und in Dublin in die Irische See mündet. Nicht alle Dubliner erkannten jedoch Anna Livias künstlerischen Wert. Ein ständiger Strom aus Müll landete in ihrem Wasserbecken. Regelmäßig entleerten Spaßvögel Spülmittelflaschen darin und gaben der Skulptur den abschätzigen Spitznamen „Flittchen im Jacuzzi". Schließlich ersetzte die genervte Stadtverwaltung die nackte Anna durch ein ganz und gar männliches Symbol – durch The Spire, eine 120 Meter hohe Nadel aus Edelstahl.

Anna Livia verschwand für ein Jahrzehnt in einer dunklen Lagerhalle, bis sie 2011 auf einem Lastkahn die Liffey hinunter zu ihrer neuen Heimat im Croppies Memorial Park gebracht wurde.

Eine kleine, blumige Anlage mit einem Teich, in dem Anna Livia nun liegt und ihre Frühpension genießt. Ihre berühmte Schwester, die Skulptur der Fischhändlerin Molly Malone, muss sich derweil in Dublins Zentrum permanent an die bronzenen Brüste fassen lassen, weil das angeblich Glück bringen soll. Anna Livia hat man hingegen meist ganz für sich allein. Man kann sich zu ihr in den kleinen Park setzen, Enten füttern, aus der Distanz der Hektik am Bahnhof Heuston Station zuschauen und sehr einverstanden damit sein, dass aus der einstigen Unruhestifterin eine Ruhestifterin geworden ist.

TIPP

Von allen Dubliner Skulpturen geht Homeless Jesus vor der Christ Church wohl am meisten zu Herzen.

● Croppies Memorial Park, Wolf Tone Quay, Dublin 7
www.sculpturedublin.ie/anna-livia
● ÖPNV: LUAS Red Line bis Stop Heuston Station oder Museum

Croppies
Memorial Park

Strahlende Steinchen

27 John's Lane Church

Auf dem Weg zum Guinness Storehouse lassen die meisten Dublin-Besucher die John's Lane Church links liegen. Dabei ist das markante Gotteshaus aus Granit und rotem Sandstein nicht zu übersehen, zumal sein Kirchturm mit rund 68 Metern auch der höchste der Stadt ist. Reiseführerruhm genießt jedoch nur die nahe gelegene Christ Church Cathedral. Deshalb füllen auch keine Touristenscharen das stimmungsvolle Innere von John's Lane, erst recht nicht am Morgen, wenn frühes Licht durch die Buntglasfenster fließt und das Kircheninnere festlich erleuchtet.

In der Besinnlichkeit der morgendlichen Stille kann man den Blick schweifen lassen über auffallende gotische Beichtstühle und anmutige Bögen, über Säulen, Statuen und Ölgemälde, bis er schließlich haften bleibt an dem mächtigen Hochaltar aus weißem Carrara-Marmor mit seinen meisterhaft herausgearbeiteten Details. Mehr als 100 Kirchen hatte der Architekt Edward Welby Pugin bereits gebaut, als er sich 1860 an die Entwürfe für die John's Lane Church machte und seine ganze Erfahrung darin einfließen ließ. Doch allein die Harmonie seiner Baukunst macht die besondere Wirkung dieser Kirche nicht aus. Ihre heimlichen Stars sind lauter bunte Steinchen. Zu Mosaiken zusammengesetzt schmücken sie viele Wandflächen und unterstreichen die ganze Größe und Erhabenheit des Gotteshauses mit ihrem Glanz und Schimmer. Einige zeigen Szenen aus dem Leben von Heiligen, auf anderen ranken in verschwenderischer Fülle florale Ornamente und abstrakte Muster. Vor allem die Mosaike des Schreins rechts vom Altar, der „Our Mother of Good Counsel" gewidmet ist, glühen in Gold, Rot, Grün und brillantem Blau. Je nach Lichteinfall und Anzahl der flackernden Kerzen vermitteln sie den Eindruck von großer Lebendigkeit und bannen die Aufmerksamkeit ihrer Betrachter auf beinahe hypnotische Weise. Eine schöne Art, abzuschalten und zu entspannen und nach einer ausgiebigen Mosaik-Meditation wieder in das wuselige Dublin zurückzukehren.

- John's Lane Church, 89 Thomas Street, Dublin 8, D08 Y802, Tel. +353 86/8 27 95 04 www.johnslane.ie
- ÖPNV: Bus 13, 123, G1, G2, S2 bis Stop 1938, Thomas Street, Liberties

AVE
MARIA

Klingende Besänftigung

28

Wood Quay Summer Sessions

Die 1970er-Jahre hätten ein Jahrzehnt des Jubels für irische Archäologen sein können. Bei Bauarbeiten zur Errichtung neuer Bürogebäude am Wood Quay kam das Dublin der Wikingerzeit ans Licht. Auf dem Gelände im historischen Kern der Stadt, direkt neben der Christ Church Cathedral, wurden Hunderte Häuser und Gassen ausgegraben, Feuerstellen, Boote, Töpfe und Schmuck aus der Zeit von 900 bis 1300 n. Chr. Ein Fenster in das Frühmittelalter hatte sich geöffnet, doch anstatt die Wikingersiedlung als kulturelles Erbe in Form eines Freilichtmuseums zu bewahren, wurde die Anlage am Wood Quay trotz massiver Proteste überbaut. Nur ein Überrest der alten Stadtmauer blieb tief im Keller der neuen Büros erhalten.

Vor dem gläsernen Gebäude wurde ein kleines Amphitheater errichtet. Das hat viel mit römischer Antike, aber rein gar nichts mit Wikingern zu tun, schenkte den Dublinern jedoch einen Veranstaltungsort, den sie alljährlich im August für die Klassikreihe „Opera in the Open" und im Juli für die „Wood Quay Summer Sessions" nutzen. Mit diesen kostenlosen Konzerten am frühen Mittag haben junge irische Talente die Chance, ihre Bekanntheit zu vergrößern, und Musikliebhaber lernen so neue Acts verschiedener Genres kennen, die von Folk bis Hip-Hop, von Jazz bis Rock und von Soul bis Klassik reichen. Kleinkinder klatschen noch nicht im Takt, Senioren aber rutschen rhythmisch auf ihren mitgebrachten Sitzkissen und einige Teenager stehlen den Künstlern mit Streetdance-Einlagen fast die Show. Hier finden Zuhörer aller Altersklassen zusammen. Proviant wird verteilt, Tombola-Lose werden für den guten Zweck verkauft und auf der angrenzenden Wiese Klappstühle aufgebaut, weil die Plätze auf den Theaterstufen nie reichen. Ein Mini-Festival zur Mittagspause. Viele Dubliner haben die Bausünde am Wood Quay längst noch nicht vergeben, freuen sich aber über die musikalische Besänftigung und die gemeinschaftsstiftende Wirkung, die vom Amphitheater ausgeht.

TIPP

Die Wikinger-Artefakte vom Wood Quay werden in einer Dauerausstellung im Nationalmuseum gezeigt. www.museum.ie

● Wood Quay, Dublin 8, www.dublincity.ie
● ÖPNV: Bus 74, G1, G2 bis Stop 7888, Winetavern Street, Temple Bar

Feinschmeckers Glücksquelle

29 Fallon & Byrne – Food Hall & mehr

Drei Dinge dürfen mit auf die einsame Insel? Gut, dann bitte reifer Rohmilch-Camembert, knuspriges Baguette und eine Flasche Latour, Jahrgang 1996. Oder doch lieber Sally Barnes' geräucherter Thunfisch, frisches Soda Bread und cremige Holunder-Haselnuss-Schokolade? Was aber ist dann mit den zarten Ortiz-Sardellen oder dem sündhaft leckeren Pistazienkuchen? Wie auch immer die Wahl ausfallen sollte, der Lieferant fürs persönliche Schlaraffenland hat einen Namen – Fallon & Byrne. Als Paul Byrne und seine Frau Fiona McHugh das alte Art-déco-Gebäude in der Exchequer Street 2006 übernahmen, um ein riesiges Lebensmittelgeschäft zu eröffnen, waren viele Dubliner skeptisch. Inzwischen aber ist klar: Wer wissen will, wie Glück schmeckt, muss diesen Gourmettempel besuchen, mit einem Feinkostladen im Erdgeschoss, einem Restaurant im ersten Stock und einer Weinbar im Keller.

Im lässig gestylten Café-Bereich kann man einen hervorragenden Espresso – manche behaupten, den besten der Stadt – genießen und dem Treiben in der Food Hall zuschauen. Da holen die einen Kunden sich am Feinkosttresen Fenchel-Risotto oder Waldpilz-Pasta als Lunch to go ab, während andere merklich bemüht sind, sich von der riesigen Auswahl der Fisch,- Fleisch-, Kuchen- und Käsetheken nicht ständig in Versuchung führen zu lassen, um dann doch vor frischen Trüffeln, Parmaschinken oder Kokosnusseis zu kapitulieren.

Seine Fortsetzung findet das Feinschmeckerglück im Restaurant in der ersten Etage. Im Stil einer Pariser Brasserie gehalten bilden weiß eingedeckte Tische, Bistrostühle und hohe Fenster den Rahmen für den perfekten kulinarischen Moment. Auch Weinliebhaber werden bei Fallon & Byrne garantiert zu Wiederholungstätern, weil sie in der gemütlichen Kellerbar The Lower Depths aus 600 traumhaften Weinen aus aller Welt wählen können. Egal, welche der drei Feinschmeckeretagen man favorisiert, fest steht: Ein Leben in Dublin ohne Fallon & Byrne ist möglich, aber furchtbar fad.

- Fallon & Byrne, 11–17 Exchequer Street, Dublin 2, D02 RY63, Tel. +353 1/4 72 10 10 www.fallonandbyrne.com
- ÖPNV: Bus 9, 16, 65, 65A, 65B, 83, 122 bis Stop 1357, Exchequer Street und Bus 14, 15, 15A, 15B, 15D, 140 bis Stop 7578, Fade Street, Dublin City South

to the
ESTAURANT
the DELI &
FFEE COUNTER
to the
WINE CELLAR
POTATOES

Töne treffen

30 Waltons New School of Music

Als Saint Patrick, Irlands Nationalheiliger, zum ersten Mal irischen Boden betrat, sollen ihm die Einheimischen keinen besonders freundlichen Empfang bereitet haben. Sie klauten ihm seine Ziege, schlachteten sie, spannten ihre Haut über einen Holzreifen – und erfanden so die Bodhrán, die irische Rahmentrommel. Mit solchen Legenden, viel Humor und fundiertem Wissen geben die Lehrer der Waltons New School of Music ihren Schülern spannende Einblicke in die Welt der traditionellen irischen Musik.

Für alle, die nicht nur zuhören, sondern auch selbst musizieren möchten, bietet die Schule Schnupperstunden für absolute Anfänger jeden Alters an. Auch Dublin-Besucher können in diesen Kurzkursen lernen, Bodhrán zu spielen. Wie klingen die beiden wichtigsten Rhythmen der irischen Musik – Reels und Jigs? Wie lassen sich auf der Bodhrán Tonhöhen variieren oder Dämpfungseffekte erzielen? Warum klingt das energiegeladene Spiel des Trommellehrers wie eine Herde wilder Pferde im Galopp, die eigenen Versuche aber wie ein Herz mit Rhythmusstörungen? Nur nicht entmutigen lassen! Musik aktiviert das Hirn. Die Synapsen finden neue Wege, und plötzlich kombinieren rechte und linke Hand Bewegungsabläufe ganz automatisch, üben an der richtigen Stelle Druck aus und lassen den Schlägel so rotieren, dass man der Bodhrán Klänge entlockt, die unter die Haut gehen. Wer die Flöte bevorzugt, kann in Tin-Whistle-Kursen darüber staunen, welche enorme Ausdruckskraft diesem einfachen Instrument innewohnt.

Egal, ob Bodhrán oder Tin Whistle – Menschen aus aller Welt werden in der Dubliner Musikschule mit wunderschönen Melodien und ansteckenden Rhythmen vertraut gemacht. Amerikaner, Dänen, Deutsche, Isländer und Franzosen sind dann im irischen Rhythmus vereint, trommeln und flöten die völkerverbindende Wirkung von Musik herbei und nehmen etwas mit in ihre Heimatländer, das sie viel länger als jedes staubfangende Souvenir begleiten wird – die Liebe zur irischen Musik.

TIPP

Eine Auswahl an Instrumenten hält der Weltmusikladen Gandharva Loka bereit. www.gandharvaloka.ie

- Waltons New School of Music, 69 South Great George's Street, Dublin 2, D02 K540, Tel. +353 1/4 78 18 84, www.newschool.ie
- ÖPNV: Bus 9, 16, 65, 65A, 65B, 83, 122 bis Stop 1357, Exchequer Street und Bus 14, 15, 15A, 15B, 15D, 140 bis Stop 7578, Fade Street, Dublin City South

The Lucky Stone

31

St. Audeon's Church

Er kehrt einfach immer wieder – dieser Glücksbringer, ganz wie ein Bumerang. Bleibt einem dann auch das Glück, das er bringt, ebenso treu? Diese Frage kann Tony Dolan nicht beantworten, stattdessen erzählt der charmante Führer der St. Audeon's Church seinen Gästen, was genau es mit dem Glücksbringer in seiner Kirche auf sich hat. Allein das ist schon Glück, denn nicht wenige Besucher laufen achtlos am Lucky Stone und damit vielleicht auch am eigenen Lebensglück vorbei.

Dublins einzige erhaltene mittelalterliche Kirche ist aber auch so voller sehenswerter Kapellen, uralter Gänge, Grabstätten und Denkmäler, dass man den einzelnen Granitstein mit dem eingemeißelten Kreuz in der Mitte leicht übersehen kann. Im 9. Jahrhundert diente er als Grabstein und wurde bei der Errichtung von St. Audeon's Church im Jahr 1181 aus dem Vorgängerbau übernommen. Damals standen die Gemeindemitglieder Schlange vor dem Lucky Stone, küssten und berührten ihn, weil sie sich davon Glück, Gesundheit oder erfolgreiche Geschäftsabschlüsse versprachen. Jakobswegpilger kamen extra vorbei, und aus Angst vor Schiffbrüchen und Piraten holten sich auch Seefahrer ihre Portion Glück ab. Bald neideten Iren aus anderen Landesteilen den Dublinern ihren Glücksstein und versuchten ihn zu stehlen. Erfolglos. Sie schafften ihn zwar aus der Kirche, aber mal wurde der Stein unterwegs immer schwerer und schwerer, bis das Pferd unter ihm zusammenbrach, mal begann er zu wimmern und zu weinen, als Bauarbeiter – nicht ahnend, um welchen Stein es sich handelte – versuchten, ihn mit Hämmern zu zerschlagen. Der Lucky Stone blieb stets heil und kehrte auf mysteriöse Weise immer wieder in die St. Audeon's Church zurück. Zurück kommen auch viele Besucher der Kirche, erzählt Tony Dolan, die fest davon überzeugt sind, dass der Stein ihnen tatsächlich Glück gebracht hat. Das mit dem Küssen sei nicht unbedingt nötig und zudem sehr unhygienisch, meint Tony. Anfassen reiche, aber der Führer dürfe natürlich gern geküsst werden.

TIPP

Die ganzjährig in der Kirche stattfindenden Konzerte sind großartige Erlebnisse.

- St. Audeon's Church, High Street, Merchants Quay, Dublin 8, D08 W99H, Tel. +353 46/9 42 20 25, www.heritageireland.ie
- ÖPNV: Bus 13, 123, G1, G2 bis Stop 2001, High Street, Dublin City South

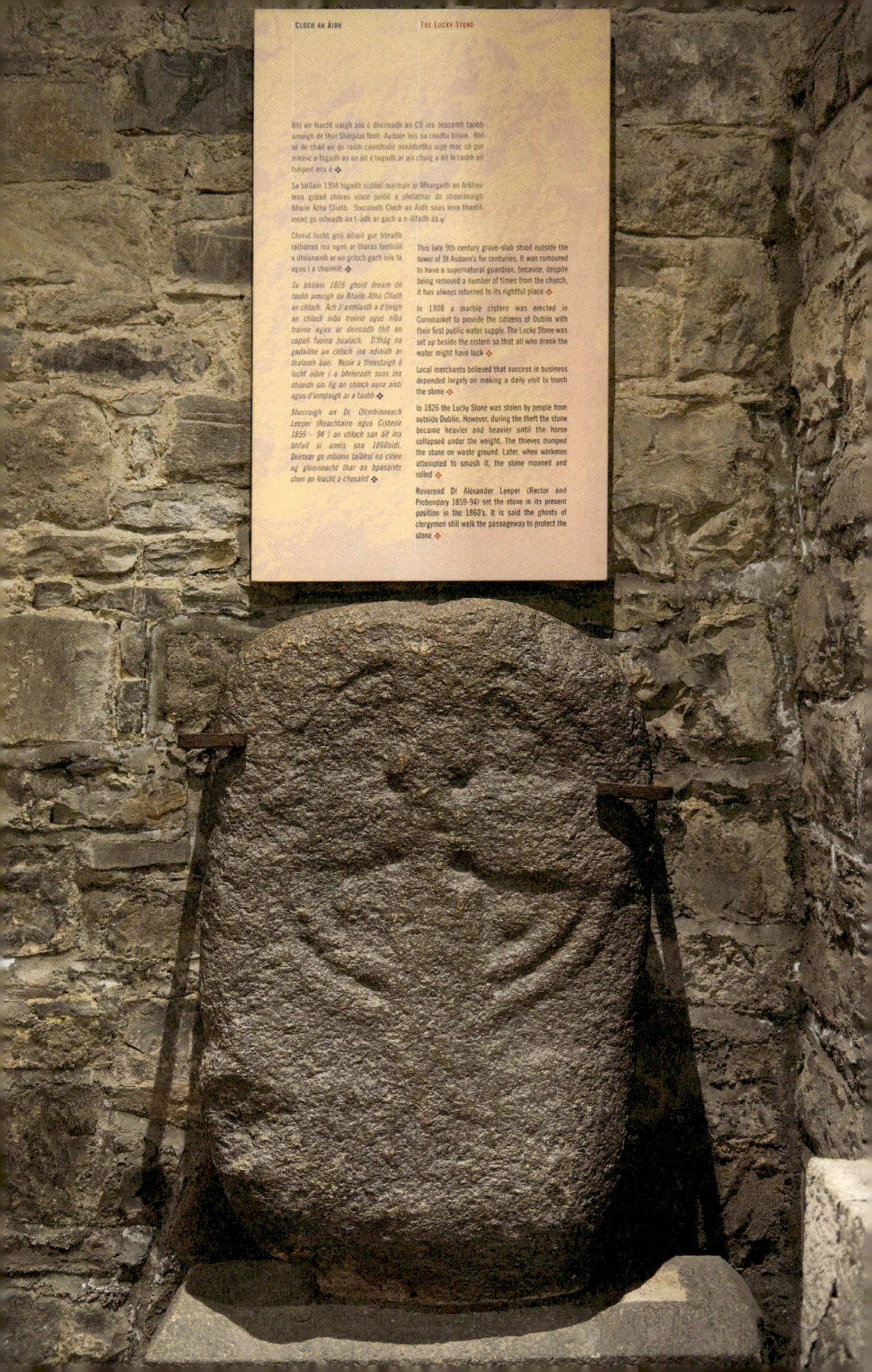
Cloch an Áidh
The Lucky Stone
This late 9th century grave-slab stood outside the tower of St Audoen's for centuries. It was rumoured to have a supernatural guardian, because, despite being removed a number of times from the church, it has always returned to its rightful place
In 1308 a marble cistern was erected in Cornmarket to provide the citizens of Dublin with their first public water supply. The Lucky Stone was set up beside the cistern so that all who drank the water might have luck
Local merchants believed that success in business depended largely on making a daily visit to touch the stone
In 1826 the Lucky Stone was stolen by people from outside Dublin. However, during the theft the stone became heavier and heavier until the horse collapsed under the weight. The thieves dumped the stone on waste ground. Later, when workmen attempted to smash it, the stone moaned and rolled
Reverend Dr Alexander Leeper (Rector and Prebendary 1859-94) set the stone in its present position in the 1860's. It is said the ghosts of clergymen still walk the passageway to protect the stone

Von Tarot bis Petticoat

32

George's Street Arcade

„Glück bedeutet nicht, immer zu bekommen, was man will, sondern das zu lieben, was man bereits hat" steht auf einer großen Holztafel direkt am Eingang zur George's Street Arcade. Ausgerechnet mit einer Mahnung zur Bescheidenheit in einer Einkaufspassage begrüßt zu werden, ist ungewöhnlich, passt aber bestens zu diesem bemerkenswerten Ort. Der verströmt mit seinem bunten Sammelsurium von Ständen und kleinen Läden auch eher das Flair eines Basars, als dass er an eines jener Shoppingcenter erinnern würde, die uns mit den immer gleichen Franchiseketten und Modemarken langweilen.

Seit rund 140 Jahren wird in der überdachten Halle eines viktorianischen Backsteingebäudes Handel getrieben, und obwohl die George's Street Arcade damit als das älteste Einkaufszentrum Dublins gilt, gibt es hier immer etwas Neues zu entdecken.

Rund 40 Einzelhändler bieten eine breite Produktpalette an, die von lokalem Kunsthandwerk über leckere Smoothies, antiquarische Bücher und Aquarelle bis hin zu Briefmarken, alten Münzen, Spielzeug und Schallplatten reicht. Herren können sich im Blind Eye Barber Shop den Bart trimmen, die Haare modisch stutzen und einen Cocktail servieren lassen, während ihre Frauen im Vintage-Laden Retro ein rüschenverziertes Petticoat-Kleid aus den 1950er-Jahren anprobieren oder sich von einer Wahrsagerin die Tarot-Karten legen lassen. Eine Bauchtanzausrüstung im Bollywood-Stil gefällig, Deko-Accessoires aus Indien, australische Heilpflanzen, thailändische Handtaschen oder taiwanischer Bubble Tea? Ist auch alles zu haben. Die Läden der George's Street Arcade sind ein Spiegelbild der multikulturellen Vielfalt, die Dublin heute auszeichnet und im Kontrast zu dem herrlich altmodischen Backsteinbau den ganz besonderen Reiz dieser Markthalle ausmacht. In entspannter Atmosphäre stöbern, Dinge finden, von denen man nicht wusste, dass man sie braucht, ohne die man die George's Street Arcade aber auf gar keinen Fall verlassen möchte – auch das kann Glück sein.

TIPP

Unbedingt am Stand Man of Aran Fudge die verschiedenen Sorten köstlichen Weichkaramells probieren.

- George's Street Arcade, South Great George's Street, Dublin 2, D02 DH79 www.georgesstreetarcade.ie
- ÖPNV: Bus 9, 16, 65, 65A, 65B, 83, 122 bis Stop 1357, Exchequer Street und Bus 14, 15, 15A, 15B, 15D, 140 bis Stop 7578, Fade Street, Dublin City South

APEX
ALARMS
524019
VIVALDI
MOZART
PAGANINI

Frei von guten Vorsätzen

33

Butlers Chocolate Café

Ein Synonym für Seligkeit? Schokolade. Neun von zehn Menschen geben an, sie zu lieben, und beim Blick auf die vollen Läden von Butlers Chocolate in Dublin könnte man auch glatt auf die Idee kommen, die Iren ersetzten den fehlenden Sonnenschein nur allzu gern durch Schokolade. In der Butlers-Auslage wird eine Kollektion von edlen Pralinen, cremigen Toffees, weichem Fudge und zarten Milchschokoladentrüffeln wie Preziosen präsentiert. Es ist das pure Vergnügen, davorzustehen und sich zu überlegen, ob man sich eine Schachtel mit zwölf oder doch besser mit 24 allerfeinsten Schokotäfelchen gönnt, während einem die Verkäuferin die Auswahl an klassischen Kakaokreationen und saisonal wechselnden Angeboten erklärt. Wenn der Himmel ein Süßwarenladen wäre, dann hätten wir in Dublin seine Dependance gefunden.

Bereits 1932 verkaufte Marion Butler in ihrem kleinen Laden in der Lad Lane handgemachte Pralinen und gründete ihre inzwischen auch international erfolgreiche Schokoladenfabrik. Doch seit in Dublin im Jahr 1998 das erste Butlers Café eröffnet wurde, liegt ein besonders schwerer Fall von Verführungskraft vor, denn nun kann man zwei Genüsse gleichzeitig erleben – erstklassigen Kaffee und köstliche Pralinen. Die sind mal süß, mal zartbitter oder schmecken exotisch fruchtig und tragen Namen wie Granatapfel Panna Cotta, Orange Bombe oder Midnight Ginger. Echte Stimmungsaufheller sind auch die Mandarinen-Schoko-Herzen oder die Karamellriegel im Salzmandelmantel.

Wer wirklich alle guten Vorsätze fahren lassen und sich die doppelte Portion Antioxidantien gegen das Altern holen möchte, der bestellt eine Tasse der zu Recht berühmten und preisgekrönten heißen Schokolade und dazu eine luftig leichte Mousse aus Milch- und Zartbitterschokolade. Acht Butler-Cafés gibt es im Stadtzentrum – nicht einfach also, der Versuchung zu entgehen, aber wer will das schon? Schließlich lieben neun von zehn Menschen Schokolade, und der Zehnte lügt.

TIPP

Mit Zweigstellen an beiden Flughafenterminals versüßt Butlers Chocolate Heimreisenden den Abschied.

● Butlers Chocolate Café, 24 Wicklow Street, Dublin 2, D02 R981, Tel. +353 1/6 71 05 99, www.butlerschocolates.com

● ÖPNV: LUAS Green Line bis Stop Dawson, kurzer Fußweg

White Chocolate Flake
azelnut Truffle

Gut gemixt ist halb gewonnen

34

Farrier & Draper Bar

Der Wunsch, von dem man nicht wusste, dass man ihn überhaupt hat, geht durch einen feuerroten Italiener in Erfüllung. „Real Italian" – so heißt der Cocktail aus Gin, Erdbeeren, Basilikum, rosa Pfeffer, Balsamico und Soda, der seiner Farbe wegen ebenso gut „Ferrari" getauft werden könnte und der schmeckt wie geträumt.

Es ist nicht das kühnste Rezept auf der Cocktail-Karte von Farrier & Draper, einer Bar im berühmten Powerscourt-Komplex aus dem 18. Jahrhundert. Einst residierten dort Aristokraten, später zog Dublins Textilwirtschaft in das georgianische Gebäude ein. Heute ist das Powerscourt Townhouse als luxuriöses Einkaufszentrum bekannt, das neben edlen Boutiquen, Galerien und Cafés auch Farrier & Draper beherbergt. Zwar gilt die Gegend um Powerscourt als Dublins Kreativ- und Ausgehviertel, und die Auswahl an Restaurants und Bars ist riesig. Orte für einen ruhigen Drink in angenehmer Atmosphäre hingegen sind rar, weil auch viele feierwütige Studenten hier ihr Revier haben und man den berüchtigten Stag & Hen-Partys – einem vorehelichen alkohollastigen Hochzeitsbrauch – kaum entkommt, es sei denn, man macht es wie all die Dubliner, die nach einem anstrengenden Bürotag Lust auf einen entspannten After-Work-Drink haben und ins Farrier & Draper gehen. Hohe Decken, dekorative Kristallkronleuchter, Kamine, tiefe Polstermöbel und Wände voller Gemälde lassen den glamourösen Charme der alten Welt aufleben, ein bisschen britischer Landhausstil, ein bisschen Flair der Prohibitionsära und das, ohne übertrieben herausgeputzt zu wirken. In den ehemaligen Schlafgemächern von Lady Powerscourt im oberen Stockwerk lockt die Late-Night-Bar am Wochenende alle Schlaflosen mit Musik vom hauseigenen DJ bis in die frühen Morgenstunden. Eine Etage tiefer im Gallery Room gehen die Gäste auf Expedition durch die bunte Cocktail-Landschaft von ferrariroten Italienern bis zu White Ladys und lassen sich die Gaumen von fruchtig scharfen oder süßsauren Getränken stimulieren. „Sláinte!" – „Zum Wohl!"

TIPP

Tolle Cocktails mixen sie auch im Peruke & Periwig, 31 Dawson Street.

- Farrier & Draper, 59 South William Street, Dublin 2, D02 DC83, Tel. +353 1/6 77 12 20, www.farrieranddraper.ie
- ÖPNV: Bus 9, 16, 65, 65A, 65B, 83, 122 bis Stop 1357, Exchequer Street und Bus 14, 15, 15A, 15B, 15D, 140 bis Stop 7578, Fade Street, Dublin City South

Lektüre für die Ewigkeit

35 The Long Room, Trinity College Old Library

Kann einer der bekanntesten Orte der Stadt ein Glücksort sein? Vermutlich nicht für jeden, und ganz sicher nicht zu jeder Zeit. Wenn in der Hochsaison Scharen von Touristen auf das Trinity College fallen wie Regen auf den armen Wurm, macht es keine besonders große Freude, sich vor dem legendären Book of Kells zu drängeln, um nur einen kurzen Blick auf dieses Meisterwerk abendländischer Buchkunst werfen zu können, bevor einen andere Besucher weiterschieben.

Nun kann man das Glück selbst in die Hand nehmen, antizyklisch reisen, um an einem Nachmittag im November ganz allein im Long Room der alten Bibliothek des Trinity Colleges zu stehen. Oft genügt es aber auch schon, sehr früh oder erst kurz vor der Schließung zu kommen, um mit nur wenigen anderen Bibliophilen die ehrfurchtgebietende Wirkung von 200.000 Büchern zu teilen. Historische Handschriften, Manuskripte und frühe Drucke – es sind die ältesten und wertvollsten Werke der Universitätsbibliothek, die dort auf einer Länge von fast 65 Metern die dunklen Holzregale zu beiden Seiten des Raumes füllen.

In jedem dieser Bücher leben ihre Autoren weiter, die ihren Geist, ihre Gedanken, vielleicht ihr Lebenswerk darin bewahren wollten. Sie schenkten ihren Lesern Einsichten und Erkenntnisse, brachten sie auf neue Idee, spendeten Trost oder unterhielten mit Humor. Aus Hochachtung vor diesen Leistungen betrat man Bibliotheken früher ähnlich wie Kirchen. Heute rufen wir das digitale Weltwissen von der Festplatte oder aus der virtuellen Wolke ab, und altehrwürdige Bibliotheken wie die des Trinity Colleges werden zu musealen Gnadenhöfen. Nutzlose, aber hübsch anzusehende Büchersammlungen wecken in diesen Papierreservaten die Besinnlichkeit und Nostalgie derer, die immer noch die altmodische Form der Lektüre bevorzugen und lieber blättern statt klicken und wischen. Diese Menschen macht der Long Room in seiner ganzen Erhabenheit sogar dann glücklich, wenn Touristen in großer Zahl an seinen Regalen vorbeiziehen.

TIPP

Auch die erste öffentliche Bibliothek Irlands ist zu besichtigen. www.marshlibrary.ie

- The Long Room, Trinity College Old Library, College Green, Dublin 2, D02 PN40, Tel. +353 1/8 96 23 20, www.tcd.ie
- ÖPNV: LUAS Green Line bis Stop Trinity oder Dawson

Theater, Tee und Törtchen

36 Bewley's Grafton Street

Keine Sticky Buns mehr? Der Geschmack dieser buttrig weichen Brötchen mit Zimt-Zucker-Füllung war nur einer von vielen Gründen für einen Besuch im Bewley's Café, aber auch der, den ich am schmerzlichsten vermisst habe. Fast 1000 Tage mussten die Dubliner und ich ohne das legendäre Kaffeehaus in der Grafton Street leben. So lange haben die millionenteuren Renovierungsarbeiten an dem denkmalgeschützten Haus gedauert, das zu Irlands Hauptstadt gehört wie die Guinness-Brauerei oder das Abbey Theatre. Als sich die Türen des Cafés dann im November 2017 erstmals wieder öffneten, war die Angst groß, dass der Charakter dieser 90 Jahre alten Institution verloren gegangen sein könnte.

Neue Designelemente sind zwar hinzugekommen, der alte Charme aber ist geblieben. Mit holzvertäfelten Wänden, samtgepolsterten Bänken, marmornen Tischen und typischen Kaffeehausstühlen präsentiert sich das Interieur wieder so opulent wie eh und je. Im Mittelpunkt stehen noch immer die prächtigen Glasfenster des renommierten Künstlers Harry Clarke, die Kaffeebohnen werden wieder vor Ort und von Hand geröstet, und auch das Rezept für mein Lieblingsprodukt, die Sticky Buns, hat sich nicht geändert.

TIPP
Frisch, modern und gänzlich unprätentiös kommt das Café Network in der 39 Aungier Street daher.

Vor allem die Rückkehr der alten Gäste belegt, dass die Auffrischung gelungen ist. Einige von ihnen haben sich seit Jahrzehnten im Bewley's getroffen und sind begeistert, dass sie ihre Kaffeekränzchentradition hier nun fortsetzen und auch das lieb gewonnene Theater wieder besuchen können. Im oberen Stockwerk werden in einem kleinen, intimen Saal Kabarett, Jazz und Komödien aufgeführt. Das Repertoire reicht von klassischen Einaktern von Oscar Wilde, Bernard Shaw oder Brendan Behan bis hin zu Stücken neuer irischer Autoren. Besonders beliebt sind die Lunchtime-Dramen, zu denen ein leichtes Essen serviert wird. Ein mittägliches Theatererlebnis, das Nahrung für Körper und Geist bietet. Das Warten auf die Wiederkehr dieser tollen Kombination aus Küche und Kultur im Bewley's Café hat sich gelohnt.

- Bewley's Grafton Street, 78–79 Grafton Street, Dublin 2, D02 K033, Tel. +353 1/5 64 09 00, www.bewleys.com
- ÖPNV: LUAS Green Line bis Stop Dawson oder St. Stephen's Green, 4 Minuten Fußweg

JIM FITZPATRICK

Pretty in Pink

37 Love Lane

Temple Bar – einst ein völlig vernachlässigtes Viertel, heute das Paradebeispiel gelungener Stadtsanierung und Mittelpunkt des Dubliner Nachtlebens. Nicht Teil dieser Erfolgsgeschichte waren jedoch die Seitenstraßen und Hinterhöfe des Quartiers. Sie gerieten über viele Jahre in Vergessenheit, wurden als Müllabladeplätze und öffentliche Urinale missbraucht, bis im Jahr 2014 das Projekt „Love The Lanes" ins Leben gerufen wurde. Das Ziel dieser gemeinsamen Initiative von Stadtverwaltung und Anwohnern war die Wiederbelebung der verwahrlosten Gassen auf kreative Art.
Inzwischen verschönern Porträts berühmter Iren die Mauern. Ein Baldachin aus gefärbtem Glas spannt sich über eine Gasse und lässt den Weg bei Sonnenschein in Regenbogenfarben leuchten. Anderswo verwandelten sich die Metallstäbe eines Sicherheitszauns nach einem Anstrich in ein Spalier aus lauter Buntstiften, und ein vertikaler Garten aus Farnen, Graspflanzen und Stauden legt einen immergrünen Gobelin über schäbige Wände.
Die Liebe hat jedoch die Straßenkünstlerin Anna Doran zurück ins Temple-Bar-Viertel gebracht. „Love Lane" heißt ihr Wandbild aus pinken Herzen und Kacheln, auf denen lauter romantische Botschaften, Gedichtzeilen und Zitate zu lesen sind: „Never love anyone who treats you like you're ordinary" rät da Oscar Wilde, während Maria Callas wohl aus Erfahrung behauptet „ Love is so much better when you're not married", und James Joyce fordert kompromisslos „As I am, as I am, All or Not at All". Mit ihrem Tribut an die Liebe hat Anna Doran nicht allein das Gesicht der engen Gasse verschönt, sie lässt Passanten innehalten, lässt sie über die Kachelromantik schmunzeln oder über die Bedeutung einzelner Zitate nachdenken. Sind Hummer ihren Partnern wirklich ein Leben lang treu, und was bitte hat Frida Kahlo, die ja eine besondere Vorliebe für Wortneuschöpfungen hegte, mit „I Sky you" gemeint? Restlos geklärt ist nur eines: Nicht viele Straßen kommen mit ein paar Fliesen aus, um so schön zu sein.

● Crampton Court, Dublin 2
● ÖPNV: Bus 69, 860 bis Stop 2912, Parliament Street, Temple Bar

LOVE
LANE
So I sing a song of love, Julia..
Baby Baby, Ain't it true, I'm immortal, When I'm with you
As I am, As I am, All or Not at All
Loving you is Easy cuz you're Beautiful
We're the Perfect Mix, Just like an oul' Rockshandy
Is that all there is? If that's all there is my friend, Then I'll keep dancing
Peggy Lee
Put on your Red Shoes and Dance the Blues
David Bowie
I'm still not over You
Love will Tear us Apart
Joy Division
Je T'aime
There she goes My Beautiful World
Love doesn't hurt, loving the wrong person does
Let's get it on
Marvin Gaye

Geschmack des Ozeans

38

Klaw – Crabshack Dining

Dublin hält mehr Überraschungen bereit als das irische Wetter. So erwartet man vom stark touristisch geprägten Temple-Bar-Viertel bestimmt keine kulinarischen Offenbarungen, findet dann aber ausgerechnet dort eines der besten Fischrestaurants der Stadt – das Klaw. Überraschung Nr. 2: In Zeiten des mobilen Mampfens von Döner, Burger & Co. wissen offenbar doch viel mehr Menschen als gedacht den Genuss von Austern, Krabben, Lachs und Hummer zu schätzen. Das Klaw ist immer proppenvoll. Mit groben Holztischen und schnörkellos maritimem Flair fühlt sich das kleine Restaurant an wie eine Krabbenbude auf einem Pier an der französischen Atlantikküste.

An den Tischen wird gepult, geschlürft und gesaugt. So eine Meeresfrüchteplatte ist nichts für schüchterne Esser. Geräuschärmer kann man die Dinge halten mit Krabben auf Toast, Hummerbrötchen oder Austern-Sandwiches – der vermutlich großartigsten Sandwich-Erfindung aller Zeiten. Wer es aber mag, wenn ihm Sud vom Kinn tropft und die Finger vor Fett glänzen, der schwelgt in riesigen Muscheltöpfen, in Flusskrebsen mit gebuttertem Brot oder in gegrillten Garnelen aus der Dublin Bay. Noch frischere Muscheln oder Krustentiere als im Klaw bekommt nur, wer selbst danach taucht.

TIPP

Wer deftige irische Küche bevorzugt, ist im Boxty House, 20–21 Temple Bar, genau richtig.

Austern werden hier roh, beträufelt mit Zitrone oder einer hausgemachten Vinaigrette, gekocht oder geröstet serviert. Den Röstvorgang präsentieren die Mitarbeiter ziemlich effektvoll. Die mit Speckstreifen oder einer Spinat-Käse-Mischung bedeckten Austern werden am Tisch des Gastes für etwa 30 Sekunden in die Flamme einer Lötlampe gehalten. An der Oberfläche knusprig warm, darunter die kühle, salzige Lake – so könnte für bislang zögerliche Austern-Anfänger der Beginn einer lebenslänglichen Liebe schmecken. Unabhängig von der Zubereitungsart haben sich Guinness oder ein Glas Prosecco als Begleiter der irischen Austern bewährt. Fazit: Alle, die es nicht an den Strand schaffen, können sich mit den Menüs von Klaw einfach das Meer zu sich ins Stadtzentrum holen.

- Klaw – Crabshack Dining, 5A Crown Alley, Dublin 2, D02 VK88, Tel. +353 1/5 49 22 44, www.klaw.ie
- ÖPNV: Bus 27, 49, 54A, 65, 65B, 77A, 150 bis Stop 1358, Dame Street, Temple Bar

ROCK LOBSTER
KLAW
by Niall Sabongi
EAT IN & TAKE OUT
PRAWNS
CHOWDER
LOBSTER
AND CRAB
OF ALL KINDS
@DUBLINKLAW
AVAILABLE ON
JUSTEAT & DELIVAROO
OYSTERS
GALWAY
WATERFORD
DOONCASTLE
FLAGGYSHORE
#SHUCKNSUCK
OYSTER HAPPY HOUR
EVERYDAY 5pm-6pm
LARGEST SELECTION OF OYSTERS IN IRELAND SELF AWARDED
KLAW

Hufeisen-Recycling

39

Temple Bar Mirage Market

Mirage Market – was für ein schöner Name. Noch schöner ist es, dass die Erwartungen, die er weckt, nicht enttäuscht werden. Man darf staunen und bewundern, wenn der Temple Bar Mirage Market von Frühjahr bis Herbst irische Künstler und Kunsthandwerker ins Temple-Bar-Quartier bringt und die Central Plaza immer sonntags in eine große Outdoor-Galerie verwandelt. Dank ihm ist das Viertel nicht mehr nur für sein Nachtleben bekannt, sondern für das ausgezeichnete Angebot an Fotoarbeiten und Gemälden, an Keramik, Holzkunst und Filzschmuck, an Perlenarbeiten, handgemachten Seifen und Kerzen. Oft kann man bei der Werkentstehung zuschauen und fast immer sorgt Live-Musik für stimmungsvolle Unterhaltung beim Stöbern. Besonders hübsch sind die filigranen Faltpapierarbeiten und die zauberhaften Feenhäuser aus Apfelholz, die schon in vielen irischen Gärten Märchenwesen zum Einzug verlocken sollen. Zu meinen absoluten Favoriten habe ich jedoch die traditionellen Schmiedearbeiten aus der Werkstatt Liffey Forge erkoren. Deren Spezialität ist das Recycling von alten Hufeisen, von denen es heißt, sie brächten mehr Glück als ungenutzte, da sie den starken Energieabdruck der Pferde tragen. Frisch von den Hufen irischer Vollblüter und Ponys werden die verschieden großen Eisen von Hand bemalt und dekoriert. Zauberhafte Blumen-, Katzen- und Schmetterlingsmotive zieren die neuen Glücksbringer.

TIPP

Ein Paradies für Feinschmecker ist der Temple Bar Food Market, der jeden Samstag am Meeting House Square stattfindet.

„Hang a horseshoe above your door to bring you luck forever more!“ Damit das Glück aber auch für immer hält, geben einem die Verkäufer der Schmiedewerkstatt noch entsprechende Tipps für die richtige Aufhängung mit auf den Weg. Richten sich die beiden Enden des Hufeisens nach oben, fließen Glück und Energie hinein und können so dauerhaft gespeichert werden. Befestigt man es jedoch umgekehrt, mit der offenen Seite nach unten, läuft einem das ganze Glück, das bereits drin war, wieder aus. Glück ist nicht nur eine Sache von Schicksal oder Zufall, sondern eben auch eine Frage der richtigen Fang- und Aufbewahrungsmethode.

● Temple Bar Markets, Temple Bar, Dublin 2
www.templebarmarkets.com
● ÖPNV: Bus 27, 49, 54A, 65, 65B, 77A, 150 bis Stop 1358, Dame Street, Temple Bar

Lucky
horseshoes
Ireland

Irish Heartbeat

40 Windmill Lane Recording Studios

Unglaublich, wie bestimmte Lieder unser Hirn schon beim Hören der ersten Takte mit Erinnerungen fluten, als würde man die vergangenen Momente noch einmal erleben: Zum Beispiel den Nachmittag, an dem der sanfte Gesang der irischen Band Planxty über ein altes Transistorradio den Weg ins Kinderzimmer fand; oder die Euphorie, mit der man als Teenager zu Sinéad O'Connors Song „Mandinka" tanzte. Dass einem der Stoff, der solche Erinnerungen weckt, niemals ausgehen wird, dafür sorgen die Tonmeister der legendären Windmill Lane Recording Studios, eines der weltweit angesehensten Aufnahmeateliers und Irlands musikalisches Pantheon.

Hier haben David Bowie, die Rolling Stones, Kate Bush, Bruce Springsteen, Ed Sheeran und Lady Gaga neue Songtexte oder Akkordarrangements ausprobiert. Hier klopften Tänzer Riverdance-Rhythmen aufs Holzparkett, spielten Van Morrison und die Chieftains ihr legendäres Album „Irish Heartbeat" ein, und die hier entstandene Aufnahme ihrer Debüt-LP „Boy" bescherte einer jungen Rockband namens U2 im Jahr 1980 weltweit Aufmerksamkeit. Schon am alten Standort in den Dubliner Docklands waren die Tonstudios ein Mekka für Musikfans, doch seit 2020 können die heiligen Hallen des perfekten Klangs endlich auch besichtigt werden. Eine Tour durch die in einem denkmalgeschützten Art-déco-Gebäude eingerichteten Studios gewährt nicht allein einen Einblick in die Entstehung einiger der bedeutendsten Alben der letzten 40 Jahre. Sie ermöglicht es auch, sich selbst als Toningenieur zu versuchen, am imposanten Mischpult Platz zu nehmen und seine eigene Session mit einer virtuellen Band zu mischen.

Die Nachhallzeit einer Note ist die Zeit, die der Ton braucht, um völlig zu verklingen, hat Studiomanager Aidan erklärt. Die Nachhallzeit eines Besuchs in den Windmill Lane Studios wird endlos sein. Die Erinnerungen daran mögen verblassen, aber niemals vollständig verschwinden. Sie werden ebenso bei einem bleiben wie all die großartigen Lieder, die hier entstanden sind.

TIPP

Eine Fundgrube für exzellente irische Musik ist der Online-Shop von claddaghrecords.com.

- Windmill Lane Recording Studios, 20 Ringsend Road, Dublin 4, D04 CF66, Tel. +353 1/6 68 55 67, www.windmilllanerecording.com
- ÖPNV: Bus C1, C2, 47 bis Stop 354, Ringsend Road, Grand Canal Dock

Klischeefreie Zone

41 Jam Art Factory

Es stimmt nicht, dass nichts bleibt, wenn die Dublin-Reise vorbei ist, wir haben doch Souvenirs gekauft. Die sollen uns an die schönsten Urlaubsmomente erinnern. Schlüsselanhänger in Kleeblattform, Schneekugeln, St. Patrick's Cathedral als Bastelbogen, James-Joyce-Büsten und Plüschkobolde – lauter lieblos fabriziertes, unnützes Zeug. In Hartplastik gegossene Klischees, eigens und ausschließlich für Touristen produziert, und das meist nicht einmal in Irland. Internationale Souvenirkunst kommt in Zeiten globalisierten Handels aus Asien, Afrika oder Neuseeland. Wer kein heimisches Kuriositätenkabinett mit Kitsch und Krempel eröffnen möchte, muss bei Muscheln, Sand und Steinen als selbst gesammelten Trophäen bleiben oder die Jam Art Factory (64–65 Patrick Street und 14 Crown Alley) besuchen.

TIPP

Fantastische Kunstdrucke finden sich auch im Graphic Studio Dublin, Cope Street, Temple Bar.

Die wurde im Jahr 2011 von den Brüdern John und Mark Haybyrne als unabhängige Galerie eröffnet, um aufstrebenden irischen Künstlern die Chance zu geben, ihre Arbeiten zu präsentieren. Schnell aber begannen sie die Werke auch zu verkaufen, denn die Menschen haben die Nase voll von Massenprodukten. Stattdessen wächst die Nachfrage nach handgefertigten Stücken. Kunstdrucke, Keramik, Textilien, Illustrationen und Schmuck – die Jam Art Factory ist zu einer Fundgrube für einzigartige und eigenwillige Schätze geworden. Viele Arbeiten sind von Dublin inspiriert und spiegeln den irischen Sinn für Humor wider, und durch die Kooperation mit jungen Designern und Kunststudenten bleibt das Sortiment aufregend neu. Die hübschen von Hand gefilzten Kreaturen von Jamie Lewis gehören dazu, ebenso die skurrilen Grafikarbeiten von Mark Conlan oder Pat Byrnes farbenreiche Illustrationen, die er auf alte Buchseiten druckt. Weil es so viele kreative Talente in Irland gibt und die Dubliner große Freude an den Werken ihrer Künstler haben, kam 2013 eine zweite Jam Art Factory, dieses Mal im Temple-Bar-Viertel, hinzu, und wir haben seitdem eine noch größere Auswahl an Dingen, die man einfach mit nach Hause nehmen muss.

- Jam Art Factory, 14 Crown Alley, Dublin 2, D02 RX36, Tel. +353 1/6 16 56 71 www.jamartfactory.com
- ÖPNV: Bus 27, 49, 54A, 65, 65B, 77A, 150 bis Stop 1358, Dame Street, Temple Bar

JAM ART FACTORY
IRISH DESIGN
DUBLIN
BOLANDS
GREAT MODERN ARTISTS A to Z

Rock 'n' Play

42 Olympia Theatre

Über 140 Jahre Berufserfahrung, exzellente Zeugnisse und ein Lebenslauf, der einen Karrierehöhepunkt nach dem nächsten listet. Dazu Empfehlungsschreiben von irischen Theatergrößen, Hollywoodstars und Musiklegenden, darunter Charlie Chaplin, David Bowie, Kraftwerk, Adele, Brendan Gleeson und Tom Waits. Sie alle wollten im Olympia auftreten – Dublins schönster Spielstätte. Ihre hervorragende Akustik, die Wärme und Intimität ihres zeitlos eleganten Saales machen sie zur Favoritin von Künstlern, die große Arenen füllen könnten und es dennoch vorziehen, ihr Publikum im vergleichsweise kleinen Olympia zu begeistern.

Abzusehen war dieser Erfolg schon in den Anfängen, als das Haus im Jahr 1879 noch unter dem Namen „Dan Lowrey's Star of Erin Music Hall" eröffnete und als typisch viktorianisches Theater mit rubinroter Opulenz beeindruckte. Prachtvolle Kronleuchter, dekorative Stuckarbeiten, schaumweiße Zierleisten, reich verzierte Logen und rund 1200 samtbezogene Sitze, die sich auf das Parkett und zwei obere Ränge verteilen – bis heute hat dieser kolossale Kulturleuchtturm nichts von seinem früheren Glanz verloren, dabei drohten ihm Verfall und Abriss. Ohne das starke Engagement vieler geschichtsbewusster Dubliner würde sich jetzt anstelle des Theaters eine Parkplatzwüste ausbreiten. So aber konnten Kunst und Schönheit hier eine mittlerweile denkmalgeschützte Zuflucht finden und das Geheimnis der Theatermagie bewahren, die mal seifenblasenleicht, mal dramatisch schwer, mal ungeheuer komisch durch den Raum schwebt, aber immer absolut mitreißend ist. Schauspiel, Tanz, Musical, Comedy und Konzert sind hier stets ein pures Vergnügen. „Ausverkauft!" heißt es deshalb nicht nur bei Premieren.

Als eines der traditionsreichsten Theater Irlands hat sich das Olympia längst einen sicheren Platz in den Annalen irischer Kulturgeschichte verdient, einen besonderen Platz im Herzen der Dubliner sowieso. An Rente ist für die lebens- und berufserfahrene Dame daher noch lange nicht zu denken.

TIPP

Hinter die Kulissen schauen kann man bei einer der regelmäßig stattfindenden Besichtigungstouren.

● 3Olympia Theatre, 72 Dame Street, Dublin 2, D02 K135, Tel. +353 1/6 79 33 23
www.3olympia.ie

● ÖPNV: Bus 27, 49, 54A, 56A, 77A, 123, 151 bis Stop 1934, Dame Street, Temple Bar

Gut geschrubbt

43

Sunlight Chambers

Geheime Orte gibt es in Dublin nicht mehr, aber viele vergessene und unbeachtete. Glücklich, wer weiß, wo er mit einem völlig neuen Blick auf die Stadt belohnt wird. So kennt wirklich jeder die georgianischen Türen am Merrion Square, aber an wie vielen Fassadenkunstwerken sie mitten im Zentrum achtlos vorbeilaufen, wissen selbst viele Dubliner nicht. Vorbei an den wenigen Art-déco-Bauten der Stadt, an grandiosen Graffiti, kunstvollen Steinmetzarbeiten und an den Sunlight Chambers. Sonnenlichtkammern – ein wunderbarer Name. Den verdankt das Gebäude einem Produkt, das vor rund 100 Jahren ein echter Verkaufsschlager war: „Sonnenlicht", so hatte der britische Waschmittelproduzent Lever Brothers seine Seife genannt, die er als Erster im industriellen Maßstab und statt aus tierischem Talg aus pflanzlichen Ölen herstellte.

Passend zum Firmenprodukt wurde die Fassadendekoration des 1899 erbauten Hauptsitzes in Dublin, den Sunlight Chambers, mit farbigen Friesen geschmückt, die Werbung für die saubere Sache machen sollten. Der Bildhauer und Töpfer Conrad Dressler fertigte den glasierten Wandschmuck an, der nach einer umfangreichen Restaurierung in den späten 1990er-Jahren wieder ebenso strahlt wie die nackten, gut geschrubbten Kinderpopos, die darauf zu sehen sind. Außer frisch gebadeten Sprösslingen zeigen die Terrakottakacheln auch die Herstellung von Waschmitteln und den Transport der dazu nötigen Substanzen. Da feilschen Händler um Öle und Duftstoffe, die mit Schiffen in die Heimat transportiert und dort verarbeitet werden, um schließlich als Seife in die Hände der Wäscherinnen zu gelangen. Auch Männer, die bei der Feldarbeit ihre Kleidung schmutzig machen, sind abgebildet. Wieder sauber werden ihre Hosen aber nur von Frauen gemacht. Geschichten von Reinlichkeit und klassischer Rollenverteilung, wie sie im „dirty old Dublin" Anfang des 20. Jahrhunderts noch herrschten, von denen heute, in einer Zeit der Abertausenden Arten von duftenden Duschgelen, aber kein Dubliner mehr allzu viel weiß.

TIPP

Weitere architektonische Besonderheiten entdeckt man mit Führern von www.architecturetours.ie

- Sunlight Chambers, Parliament Street Ecke Essex Quay, Dublin 2
- ÖPNV: Bus 26, 52, 74, C1, C2, C3, C4 bis Stop 312, Wellington Quay, Temple Bar

Wo Genuss auf Glauben trifft

44 The Church Bar & Restaurant

Wenn Bob Dylan recht hat und die Antwort tatsächlich im Wind weht, dann dürften im sturmbewegten Irland keine Fragen mehr offen sein – außer einer: Wer um Himmels willen hat eigentlich Riverdance erfunden? Unter den Gästen von The Church kursieren zwei Entstehungstheorien. Lange vor der Entdeckung des Feuers haben frierende Vorfahren sich nicht anders zu wärmen gewusst als durch andauerndes Auf-der-Stelle-Hüpfen, vermuten die einen. Andere sind sich hingegen völlig sicher, dass der irische Stepptanz so grässlich unsinnlich und hölzern daherkommt, dass nur die katholische Kirche dafür verantwortlich sein kann. Als dann die Stepptanz-Darbietung auf der kleinen Pub-Bühne beginnt, Absätze aufs Parkett knallen und Beine pausenlos nach oben schnellen, wirken die Tänzerinnen doch nicht so unerotisch wie behauptet. Nur das barocke Buntglasfenster im Hintergrund verleiht ihrem Auftritt einen bieder-braven Rahmen und erinnert daran, dass The Church einst eine protestantische Kirche war. Erst im Jahr 2007 zog die unheilige Dreifaltigkeit des Dubliner Nachtlebens dort ein – Pub, Restaurant und Bar. Seitdem wird hier allabendlich die Atmosphäre dieses ungewöhnlichen Ortes gefeiert, in einem Restaurant auf der Galerie und an einer Theke, die sich längs durch das einstige Mittelschiff zieht. Das Herzstück des Ortes bildet eine Orgel mit goldenen Pfeifen aus dem frühen 18. Jahrhundert, auf der schon Georg Friedrich Händel übte, bevor sein Messias-Oratorium im Jahr 1742 in Dublin uraufgeführt wurde. Bei schönem Wetter – und das kommt in Dublin häufiger vor, als man glaubt – kann man im Biergarten vor dem früheren Haupteingang der Kirche die Sonne genießen. Bei klassisch irischer Witterung prostet man drinnen mit seinem Pint der Büste von Arthur Guinness zu, die daran erinnert, dass der Gründer der Guinness-Brauerei im Jahr 1761 hier geheiratet hat. „Sláinte!" – auf einen der gastlichsten Glücksorte Dublins!

TIPP

Besichtigungen in Eigenregie sind an allen Tagen bis 17 Uhr möglich (Leitfaden am Eingang).

● The Church Bar & Restaurant, Mary Street Ecke Jervis Street, Dublin 1, D01 YX64, Tel. +353 1/8 28 01 02, www.thechurch.ie
● ÖPNV: LUAS Red Line bis Stop Jervis

Once upon a time

45 The Tenement Museum

Wenn Wände sprechen könnten, heißt es oft, wenn man ausdrücken möchte, dass an einem Ort schon viel Bedeutsames geschehen ist. In Dublin reden die Wände tatsächlich. Bröckelnde Mauern, Tapetenfetzen, blaue Desinfektionsfarbe, an Nägeln befestigte Wäscheleinen und Holzkreuze – all das erzählt vom Leben der vielen Arbeiterfamilien im Haus Henrietta Street Nr. 14. Dicht aufeinandergedrängt mussten all die Branigans, Cooneys, Hannigans, Dowlings, Connollys und Mooneys dort unter katastrophalen Bedingungen ihren trostlosen Alltag gestalten.

Erbaut wurden die georgianischen Stadtpaläste in der Henrietta Street in den 1720er-Jahren eigentlich für Dublins High Society. In der noblen Nr. 14 residierte ursprünglich eine einzige wohlhabende Familie mit ihren Bediensteten. Nach dem Umbau in ein Mehrfamilienhaus im Jahr 1877 pferchte man dort dann bis zu 100 Menschen in 19 dunkle, enge und feuchte Wohnungen voller Ungeziefer zusammen. Strom oder fließend Wasser gab es nicht. Die beiden Toiletten hinter dem Haus mussten sich alle Mieter teilen. Nachts klopften sie auf dem Weg dorthin laut gegen die Wände, um die überall wimmelnden Ratten zu vertreiben.

Das im Jahr 2018 in der Henrietta Street 14 eröffnete Tenement Museum ist der Geschichte dieser berüchtigten Mietskasernen gewidmet, von denen so viele in Dublin existierten. Der Einblick, den das Museum in dieses Slumleben gewährt, ist zu wahr, um schön zu sein. Die Wohlfühloasen der Stadt finden sich anderswo, dennoch habe ich die Henrietta Street in dieses Buch aufgenommen. Weil es ein Glück ist, mit eigenen Augen sehen zu können, wie groß das Elend war. Weil die Gefahr, die gute alte Zeit zu verklären, nach einer Besichtigung gebannt ist, aber vor allem, weil die Wohnungen im Haus Nr. 14 nicht allein von einem erbärmlichen Leben in Armut, sondern auch von einer starken Gemeinschaft erzählen, die sich in den Zeiten der Not für jedes ihrer Mitglieder eingesetzt hat. Es ist eine Bereicherung, diesen Wänden beim Reden zuzuhören.

TIPP

Historische Aufnahmen aus der nicht so guten alten Zeit zeigt das National Photographic Archive. www.nli.ie

- The Tenement Museum, 14 Henrietta Street, Dublin 1, D01 HH34, Tel. +353 1/5 24 03 83, www.14henriettastreet.ie
- ÖPNV: LUAS Green Line bis Stop Broadstone - DIT, 6 Minuten Fußweg

Zum Fressen gern

46 Der gefräßige Baum im King's Inns Park

Es ist eine Lovestory in Zeitlupe, die sich da seit vielen Jahren im Garten von Dublins Juristenschule King's Inns abspielt. Alles begann damit, dass sie sich nur ganz leicht gegen ihn lehnte. Daraufhin fing er an, sanft an ihr zu knabbern, konnte gar nicht mehr aufhören, bis er sich schließlich völlig an ihr festgebissen hatte. Nun kommen sie nicht mehr voneinander los – der Baum und die Parkbank.
Ein hübsches Paar kann man die beiden Unzertrennlichen nicht gerade nennen, äußerst fotogen sind sie dennoch, weil der Baum es nicht mehr beim bloßen Beißen belassen hat, sondern die gusseiserne Bank förmlich verspeist. Die Rückenlehne verschwindet inzwischen fast komplett im Stamm der wuchernden Platane, deren Rinde sich wie wulstige Lippen Jahr für Jahr weiter Richtung Sitzfläche schiebt. Der Fantasy-Autor J.R.R. Tolkien hätte seine Freude an diesem Bankfresser, der statt in Dublin ebenso gut bei den Hobbits in Mittelerde wachsen könnte.
Hat da vielleicht ein Spaßvogel irgendwie nachgeholfen? Ist das bloß der Lauf der Dinge oder doch schon die Rache der Natur? Nichts von alledem, die Bank steht dem Wachstum des Baumes einfach im Weg, und ihm bleibt gar nichts anders übrig, als sie sich Stück für Stück einzuverleiben. Klingt nun nicht mehr ganz so romantisch, hat aber dennoch ein Happy End. Denn was die Natur zusammengeführt hat, sollen Gärtner oder Holzfäller nicht mehr trennen dürfen. 2017 entschied Dublins Stadtrat, dass das kuriose Duo unter Schutz gestellt wird. Glück für die Bank und für Dublin-Besucher. Hätte der Baum ihr die kalte Schulter gezeigt, wäre die Bank irgendwann gegen eine andere ausgetauscht worden. So aber steht ihr noch ein langes Leben als Fotomodell bevor. Auf rund 80 Jahre wird ihr gefräßiger Platanen-Partner geschätzt. Von dieser Baumart sind über 300 Jahre alte Exemplare bekannt, die noch immer wuchskräftig sind. So schnell wird dem Dubliner Nimmersatt der Appetit also nicht vergehen.

● King's Inns Park, Constitution Hill, Dublin 7
● ÖPNV: Bus 83, 83A bis Stop 1619, Constitution Hill, Grangegorman

Das gläserne Gedicht

47 Dublin City Gallery The Hugh Lane

Wer braucht da noch Mond und Sterne, wenn er im Licht der Farben baden kann, die nicht leuchten, sondern lodern, ganz so, als hätte die Sonne selbst sie angezündet? Smaragdgrün, Rubinrot, Lilienweiß und ein alles überstrahlendes Königsblau. Es sind die Farben von Harry Clarkes Glasmalerei, die Besucher der Hugh Lane Gallery in ihren Bann ziehen. Vorausgesetzt, sie sind nicht an dem kleinen Seitenraum mit den Glasfenstern vorbeigelaufen. Der liegt am Ende des Foyers, noch vor der Tür zu den Ausstellungsräumen, wo der eigentliche Publikumsmagnet wartet – das legendäre Londoner Atelier des Malers Francis Bacon, rekonstruiert aus über 7000 originalgetreuen Einzelstücken.

Wer aber den Raum der Buntglasfenster im Vorbeigehen auch nur mit flüchtigem Seitenblick streift, wird von der Sogkraft der Farben erfasst. Werke von Wilhelmina Geddes, Evie Hone, Paul Bony und James Scanlon blitzen hier um die Wette, doch das Highlight ist Harry Clarkes Arbeit mit dem Titel „The Eve of St. Agnes" aus dem Jahr 1924. Inspiriert von John Keats gleichnamigem Gedicht erzählt Clarke auf 22 kleinen Glassegmenten die Liebesgeschichte von Madeline und Porphyro: Wie es am 20. Januar, dem Vorabend der Feierlichkeiten zu Ehren der heiligen Agnes, unter jungen Frauen Brauch war, geht auch Madeline früh und ohne Abendbrot zu Bett. Als Belohnung winkte den braven Mädchen ein prophetischer Traum, in dem ihnen der zukünftige Ehemann erschien. Madeline aber träumt nicht, ihr Porphyro hat sich tatsächlich an ihr Bett geschlichen, um seine Geliebte aus dem Schloss ihres bösartigen Vaters zu entführen. In einem einzigartigen Stil kombiniert Clarke tiefe, satte Farben mit märchenhaft schönen Figuren, die er nicht nur in prächtige Gewänder kleidet, es gelingt ihm auch, ihre Emotionen sichtbar zu machen – Vertrauen, Mut und Hingabe. Soll Francis Bacons Studio ruhig die Scharen locken, Romantiker fangen nach Erreichen des Happy Ends wieder von vorn mit der Betrachtung an und schwelgen noch ein Weilchen in Clarkes glühenden Farben.

TIPP

Noch mehr Harry-Clarke-Fenster gibt es im Bewley's Café in der Grafton Street zu sehen.

- Dublin City Gallery The Hugh Lane, Parnell Square North, Dublin 1, D01 F2X9, Tel. +353 1/2 22 55 64, www.hughlane.ie
- ÖPNV: Bus 180, 932 bis Stop 4726, Parnell Square North, Rotunda

Quiet, please!

48 Blessington Street Basin

Die Vorstellung, dass Großstadtleben stets nur Hektik, Stress und Lärm bedeutet, ist falsch. Dublin ist voll von ruhigem Vergnügen und kleinen Alltagsfreuden. Weil sie aber nicht zu den Top-Ten-Attraktionen der Stadt zählen, werden sie oft übersehen. Wer dem Sog der Sehenswürdigkeiten widersteht, findet im Blessington Street Basin seine Belohnung.

Einer der Vorzüge dieser kleinen Grünanlage liegt in dem, was sie nicht bietet. Der Phoenix Park imponiert mit seiner Größe und den dort frei lebenden Hirschen. Im Iveagh Garden rauscht ein fotogener Wasserfall, und Saint Stephen's Green lockt mit hübschen Blumenbeeten und schwungvollen Brücken. Nichts von alledem im Blessington Street Basin. Dieser Park ist arm an Ablenkungen, aber reich an Ruhe. Unter den vielen Gärten und Grünflächen Dublins zählt er zu den echten Kontemplationsklassikern. Nur einen kurzen Spaziergang von der O'Connell Street entfernt trifft man dort selten mehr als eine Handvoll Menschen. Am Haupteingang der ummauerten Anlage begrüßt einen das über 120 Jahre alte Parkwächterhäuschen mit Giebeldach im Tudor-Stil und bunter Pracht in Blumenkästen und Vorgarten. Gusseiserne Bänke säumen den Weg, der um ein langes Wasserbecken führt. Das wurde Anfang des 19. Jahrhunderts als Trinkwasserreservoir errichtet, um Dublins Norden mit Frischwasser zu versorgen. Nachdem größere Speicher in Betrieb gingen, lieferte die Anlage nur noch Wasser für nahe Whiskeybrennereien und steht den Dublinern seit 1891 als Naherholungsraum offen. Seitdem ist der 0,75 Hektar kleine Park zum Zufluchtsort für Mensch und Tier geworden. Büschelenten brüten hier im Sommer, Schmetterlinge und Libellen schwirren umher, manchmal huscht ein Igel durchs Gebüsch, und nach Sonnenuntergang trinken Fledermäuse im Tiefflug aus dem Wasser. Zur Stille begabte Menschen finden hier die Chance auf ein bisschen Weltferne und Einkehr. Damit das so bleibt, sei allen, die das Blessington Street Basin besuchen, eines geraten: Quiet, please!

TIPP

Herbert Park in Ballsbridge und St. Catherine's Park, Thomas Street, sind weitere städtische Ruheoasen.

- Blessington Street Basin, Blessington Street, Phibsborough, Dublin 7
www.dublincity.ie
- ÖPNV: Bus 38, 38A, 46A, 120 bis Stop 192, Mountjoy Street, Phibsborough

The Lodge
1811

Trauer, Trost und Teufel

49 Glasnevin Cemetery

Friedhöfe sind die perfekten Fluchtorte vor allzu großer Lebendigkeit. Keine Straßenmusiker, Skateboarder oder Eisverkäufer – frei von jeglicher Erlebniskultur können Besucher hinter dem Friedhofstor in Geruhsamkeit eintauchen. Auch auf Dublins Glasnevin Cemetery bleibt das laute, unübersichtliche Leben draußen. Der Anblick einer ungeheuer weiten Trost- und Trauerlandschaft aus keltischen Kreuzen, verwitterten Grabsteinen und efeuumrankten Engeln wirkt entschleunigend. 1,5 Millionen Menschen, das sind etwa drei Mal mehr Tote als die Stadt Einwohner hat, haben auf Irlands größtem Friedhof ihre letzte Ruhestätte gefunden, und zwar unabhängig von ihrer religiösen Zugehörigkeit. Katholiken, Protestanten, Muslime und Atheisten, Sünder und Gottgefällige, nichtgetaufte Kinder und Selbstmörder, Normalsterbliche und Nationalhelden – Glasnevin hat für alle Platz. Ganze Generationen von Grabstätten sind auf diesem 1832 eröffneten Grenzland zwischen Dies- und Jenseits versammelt.

Glasnevin ist viel zu schön zum Sterben, Gedanken an das eigene Ende weckt er dennoch: „Remember me as you pass by, As you are now, so once was I, As I am now, so you must be, Prepare for death and follow me“ mahnt eine kunstvoll eingravierte Grabinschrift, und manch Ärger über die Belanglosigkeiten des Alltags erscheint einem durch die Erinnerung an die eigene Vergänglichkeit plötzlich unsinnig und überflüssig.

Da steht man an den Gräbern fremder Menschen, fühlt sich aufgefordert, das Leben zu feiern und damit am besten schon auf dem Friedhof zu beginnen. Einige der Verstorbenen haben nämlich ihre letzte Chance, Menschen zum Lachen zu bringen, genutzt und die eigene Lebensfreude und den Sinn für Humor in Stein gemeißelt. „Now I know something you don't“ und „We finally found a place to park“ ist da auf zwei Grabsteinen zu lesen, während man auf einem anderen den ultimativen Tipp findet, um dem Teufel ein Schnippchen zu schlagen: „May you be in heaven a half hour before the devil knows you're gone.“

TIPP

Challoner's Corner, Dublins kleinster Friedhof, liegt auf dem Gelände des Trinity Colleges.

- Glasnevin Cemetery, Finglas Road, Dublin 11, D11 XA32, Tel. +353 1/8 82 65 50 www.dctrust.ie
- ÖPNV: Bus 40, 40D, 140 bis Stop 1536, Glasnevin Cemetery, Glasnevin

Sonnenschein im Kopf

50 The National Botanic Gardens

Gelegentlich kann einem Dublins Großstadtstress schon mal zu nahe treten. Die beste Art, auf erholsamen Abstand zu gehen, findet sich ganz leicht – einfach immer in Richtung summender Bienen, zwitschernder Vögel und duftender Rose gehen, bis man im botanischen Garten gelandet ist.

Hier werden seit über 200 Jahren eine völlig hektikfreie Atmosphäre und 15.000 Pflanzen aus aller Welt kultiviert. Im Frühjahr und Sommer knospt, blüht, rankt und grünt es auf etwa 20 Hektar. Besonders bunt treiben es dann himbeerrote Dahlien, zartlila Hasenglöckchen und gelbe Glockenprimeln in den Schmuckbeeten. Mit solch kontrastreichen Pflanzenkombinationen erschaffen geniale Gärtner immer wieder aufs Neue blühende Kunstwerke.

Im Schatten von Götterbäumen, Rotkiefern, Zedern und Erlen schalten die Gedanken ganz von selbst einige Gänge runter, und die einzige Frage, die einen dann noch bewegt, lautet: War der blaue Blitz, der gerade vor einem aus dem Tolka River geschossen kam, tatsächlich ein Eisvogel? Der Tolka, Dublins zweitgrößter Fluss, begrenzt die Gartenanlage im Norden und schlängelt sich im kleinen Bogen um den herrlichen Rosengarten, der Besuchern über eine Brücke zugänglich ist.

Außer am ersten Weihnachtsfeiertag ist der botanische Garten 364 Tage im Jahr geöffnet. Im Winter kann man es so machen wie Ludwig Wittgenstein. Der österreichische Philosoph floh bei seinem Besuch in Dublin 1948 vor der Kälte mit Vorliebe in das Palmenhaus des botanischen Gartens. Die Arbeitsblockade, die ihn vor seiner Ankunft in Irland am Schreiben gehindert hatte, löste sich dort und er teilte einem Freund brieflich mit: „Da ich während der sehr kurzen Zeit, in der die Sonne in meinem Kopf scheint, darauf bedacht bin, Heu zu machen, habe ich mich entschieden, hier zu bleiben." Welch schöne Umschreibung dafür, dass einem ein Licht aufgegangen ist. Eine Erinnerungsplakette markiert heute die Stufen im Palmenhaus, auf denen Wittgenstein es sich zum Schreiben gemütlich gemacht hatte und Erleuchtung fand.

- The National Botanic Gardens, Glasnevin, Dublin 9, D09 VY63, Tel. +353 1/8 04 03 19, www.botanicgardens.ie
- ÖPNV: Bus 83, 83A bis Stop 151, Botanic Gardens, Glasnevin

Bücherwurms Wonne

51

Museum of Literature Ireland

Gutes Bier, gute Literatur und gute Gespräche über gute Bücher beim Bier – so lässt sich die beinahe symbiotische Beziehung zwischen den beiden berühmtesten Erzeugnissen Dublins beschreiben. Der Name des ersten lautet Guinness, für das zweite stehen unter anderem Oscar Wilde, Samuel Beckett, W. B. Yeats, Brendan Behan, Nuala O´Faolain und Roddy Doyle. An Dichtern, Romanciers und Dramatikern hat es Dublin zu keiner Zeit gemangelt. Kein Wunder, dass die Stadt von der UNESCO zur City of Literature ernannt wurde. Erkunden lässt sich ihr kolossales literarisches Erbe im 2019 eröffneten Museum of Literature Ireland, auch MoLI genannt.

Im Museumsformat gerinnt Literatur allzu oft zu einer muffig-müden Ausstellung von Manuskripten und angestaubten Büchern. Nicht in Dublin. Wie man Geschriebenes zum Leben erweckt, erfahren MoLI-Besucher gleich zur Begrüßung, wenn sie durch ihre Bewegungen eine audiovisuelle Installation aktivieren und eine kleine Klangdusche nehmen. Ein Schauer aus Stimmen ergießt sich und flüstert von altirischen Erzählungen, von mittelalterlichen Mythen und moderner Poesie. Auch in den anderen Ausstellungsräumen kommt nichts behäbig daher, alles ist verspielt, multimedial, originell und humorvoll. Es darf über skurrile Schreibtipps zeitgenössischer Autoren gelacht, über brillante Wortschöpfungen sinniert, über eigene Schreibversuche gegrübelt und über die genial-wirren Arbeitsnotizen von James Joyce gestaunt werden. Die allererste Ausgabe seines Romans „Ulysses“ gehört zu den wertvollsten Exponaten des MoLi. Ein klobiger blaue Wälzer, der im Zeitalter der Touchscreens ebenso anrührt, wie der Eschenbaum im museumseigenen Garten, neben dem der junge Universitätsabsolvent James Joyce im Jahr 1902 für ein Foto posiert hat.

Hier spürt man, von Vögeln umzwitschert, von Rosen- und Lavendelduft betört und noch ganz beseelt von der sprachlichen Virtuosität irischer Autoren, dass es keinen schöneren Ort als das MoLI gibt, um der Kraft der Literatur auf den Grund zu gehen.

TIPP

Das museumseigene Online-Radio informiert laufend über Irlands Literaturszene. www.radio.moli.ie

- Museum of Literature Ireland, UCD Naughton Joyce Centre, 86 St. Stephen's Green, Dublin 2, D02 XY43, Tel. +353 1/7 16 59 00, www.moli.ie
- ÖPNV: LUAS Green Line bis Stop St. Stephen's Green

Zum Zeitmillionär werden

52

Garden of Remembrance

Irland ist das Land der Geschichtenerzähler. Mit Mythen, Märchen und Legenden retten sie die uralte Tradition des Storytelling ins 21. Jahrhundert. Sie berichten uns von Tir na nÓg, dem Land der ewigen Jugend, von der Enkelin Noahs, die nicht mit auf die Arche durfte, und von den Kindern des Königs Lir. In Schwäne hatte ihre eifersüchtige Stiefmutter die vier Geschwister verwandelt und bestimmt, dass sie erst nach 900 Jahren wieder von diesem Fluch erlöst würden. Nach Ablauf der Frist erhielten Lirs Kinder zwar ihre menschliche Gestalt zurück, alterten jedoch rasend schnell und starben kurz darauf.

Das Motiv der Schwanenkinder hat unzählige Künstler inspiriert und findet sich auf Briefmarken, Buntglasfenstern, Wandteppichen und Gemälden. Doch das Herzzerreißende des Augenblicks, in dem die Geschwister ihre Schwanenhülle abstreifen, hat der Bildhauer Oisín Kelly am eindrucksvollsten festgehalten. Seine überlebensgroße Bronzeskulptur im Garden of Remembrance, einer Gedenkstätte für irische Freiheitskämpfer, berührt und kommt dem Betrachter mit ihrer rauen Körperlichkeit unglaublich nahe, vorausgesetzt er nimmt sich Zeit.

In der Schnelllebigkeit unserer Tage kann man an diesem Ort einen Anker der Ruhe werfen und über Zeit nachdenken. Christen sehen in den Schwanenkindern ein Zeichen der Auferstehung und irische Nationalisten ein Symbol der Wiedergeburt ihres Landes nach Jahrhunderten der britischen Unterdrückung. Ein Mahnmal der verlorenen Lebenszeit ist die Skulptur auf jeden Fall. Lirs Kinder traf ein böser Fluch, den modernen Menschen zwingt eine kontrollierende Arbeitswelt in ein steifes Korsett aus Termin- und Stundenplänen – am Ende steht ein Leben, in dem über den größten Teil der Zeit nicht frei verfügt werden konnte. Zeit ist die wertvollste Ressource, die wir haben, und reich ist deshalb der, der sie verschwenden kann, um frei von Zwängen und Stress in Dublin auf den Stufen einer Gedenkstätte sitzen zu können und sich als Zeitmillionär zu fühlen.

TIPP

Zeit für gute Geschichten? www.storytellersofireland.org und www.irishfolktours.com

● Garden of Remembrance, Parnell Square East, Rotunda, Dublin 1, D01 A0F8
● ÖPNV: Bus 11, 13, 40 bis Stop 261, Parnell Square East, Dublin

Froher Schall

53 St. Mary's Pro Cathedral

In einem Stück des irischen Dramatikers Brendan Behan nötigen Wärter einen heidnischen Gefängnisinsassen dazu, sich für eine Konfession zu entscheiden. „Nun gut“, willigt dieser ein, „dann eben Katholik. Ich bin lieber ein Bettler als ein Dieb.“ Damit ist alles über die Wut gesagt, die viele Iren, gläubig oder nicht, spürten, als katholische Kirchengüter während der Reformation in protestantischen Besitz übergingen. Auch die Hauptkathedrale Dublins, die Christ Church, fiel an die Protestanten. Ihr ursprünglicher Status als katholisch geweihte Kirche wurde allerdings bis heute nicht aufgehoben. Da eine Stadt aber nur eine katholische Kathedrale haben kann, trägt die 1825 neu erbaute Bischofskirche St. Mary's den Zusatz Pro, vom lateinischen Begriff „pro tempore“, was vorübergehend oder vorläufig bedeutet.

Besonders imposant durfte dieses Provisorium nicht ausfallen. Nach dem Willen der antikatholisch gestimmten Briten wurde St. Mary's in die Ecke einer unscheinbaren Seitenstraße verbannt, blieb ohne mächtigen Turm und zeigt sich auch im Inneren hübsch, aber bescheiden. Doch gerade das Fehlen von theatralischer Architektur und barockem Brimborium macht die Pro Cathedral zu einer wunderbar schlichten Kulisse für das, was hier regelmäßig im Mittelpunkt steht – Musik. Die Kirchenorgel zählt zu den wichtigsten Konzertinstrumenten der Stadt und wird besonders wegen der Wärme ihres Klangs geschätzt.

Wenn aber selbst Atheisten sonntags in die Pro Cathedral strömen, liegt das weniger an der Orgel als an den Knaben des großartigen Palestrina-Chores. Ihr Gesang während der lateinischen Messe ist so zauberhaft schön, so erdenfern und ergreifend, dass er die Herzen aller Zuhörer zum Zittern bringt und den Endorphin-Pegel steigen lässt. Ein musikalisches Geschenk für alle und ein melodiegewordener Trost für die katholischen Gläubigen von St. Mary's, die sich nach fast 200 Jahren immer noch in einem Provisorium versammeln, es inzwischen aber herzlich lieb gewonnen haben.

- St. Mary's Pro Cathedral, 83 Marlborough Street, Dublin 1, D01 DK83, Tel. +353 1/8 74 54 41, www.procathedral.ie
- ÖPNV: Bus 13, 16, 40 bis Stop 270, O'Connell Street Upper, Dublin

Aus Entenperspektive

54

City Kayaking

Gleichmäßig taucht das Blatt des Paddels ins Wasser und zerteilt leise plätschernd dessen Oberfläche. Das Wasser der Liffey umschwappt sanft plätschernd das Kajak.

Die Stimmung ist heiter, auch bei den Anfängern. Man muss schon ziemlich viel falsch machen, um die stabilen Boote zum Kentern zu bringen. Paare sollten allerdings beachten, dass die Doppelsitzer-Kajaks auch „divorce boats", Scheidungsschiffe, genannt werden, weil es zu Wortgefechten kommen könnte, wenn die beiden Paddler Probleme haben, ihre Bewegungen synchron auszuführen. Dann schlingert das Kajak im Zickzack über den Fluss oder dreht sich im Kreis. Ein bisschen Zusammenarbeit braucht es also schon, aber wenn es läuft, dann kommt endlich die Stadt in Sicht, und die ungewöhnliche Perspektive auf Dublin belohnt uns für die kleinen Anstrengungen.

Die Tour beginnt im renovierten Dockland-Gebiet. Hinten im Hafen liegen Frachtschiffe und Fähren wie überfütterte Mastgänse auf dem Wasser. Neben ihnen sähen die Kajaks aus wie Seepocken, die am Schiffsrumpf kleben, aber auf einen Größen- und Kräftevergleich lassen wir es nicht ankommen. Wir paddeln Richtung Stadtzentrum. Auf der Liffey gibt es nur wenig Bootsverkehr, und es ist absolut fabelhaft, an vielen Stellen den ganzen Fluss für sich allein zu haben. Wir gleiten durch das Wasser, mitten durch das Herz von Dublin, ziehen vorbei an Entenfamilien, passieren einige Wahrzeichen der Stadt wie das Custom House oder die Four Courts und fahren immer wieder unter Dublins berühmten Brücken hindurch. Vom Fluss aus betrachtet verwandelt sich Irlands Hauptstadt in eine beschauliche Insel. Geredet wird immer weniger. Im gleichmäßigem Rhythmus der Paddel drosseln auch unsere Gedanken ihr Tempo. Kajakfahren ist eine sehr meditative Art der Fortbewegung und eine Wasserreise auf der Liffey der vielleicht schönste Verstoß gegen das Gebot unserer Zeit, nach dem alles immer schneller und laut sein muss. Ein Glückspilz, wer dagegen paddelnd protestieren kann.

TIPP

Meereskajak-Touren mit Guides sind beim Veranstalter Extreme Time-Off buchbar. www.time-off.ie

● City Kayaking, Custom House Quay, North Dock, Dublin 1
www.citykayaking.com

● ÖPNV: Bus 60, 151, 500, G1, G2 bis Stop 2498, IFSC, Docklands

Der gerettete Jesus

55

Am Schrein der Taxifahrer

Jesus wartet am Taxistand. Mit weit ausgebreiteten Armen, wallendem Umhang und rosa lackierten Fußnägeln müsste er eigentlich viele neugierige Blicke auf sich ziehen. In einer Seitenstraße am nördlichen Ende von Dublins O'Connell Street aber fordern die endlos brausenden Fluten des Verkehrs alle Aufmerksamkeit der Passanten. So wird die Jesus-Statue fast nur von denen entdeckt, die ein Taxi nehmen wollen. Glücklich, wer dann wie ich einen Fahrer erwischt, der ein Faible für gute Geschichten hat und einem das Geheimnis der Christusfigur verrät:

Anfang der 1920er-Jahre tobte der irische Bürgerkrieg auch in Dublin, und viele Läden in der O'Connell Street gerieten bei Straßenschlachten in Brand. Zur Rettung von Waren und Möbeln wurden Droschken, die Vorläufer der Taxis, eingesetzt. Mit ihnen transportierte man die Güter in die Mitte der Straße, wo sie von ihren Eigentümern wieder abgeholt werden konnten. Nur ein einziger Gegenstand blieb am Ende übrig – die Jesus-Statue. Ein Besitzer ließ sich nicht ermitteln, und weil auch sonst keiner ihn mehr haben wollte, durfte er bei den Droschkenfahrern bleiben. Die hielten ihn in Ehren und stellten die Skulptur auf ein Podest aus alten Holzkisten.

Rund 100 Jahre später steht dieses Denkmal noch immer, inzwischen auf einem Granitsockel, zum Schutz vor Wind und Wetter von einem Glaskasten umschlossen und mit einer Plakette versehen. Deren Inschrift lautet: „Möge Gott die Taxifahrer segnen, sie beschützen und auf ihren Reisen über sie wachen." Einfache Worte, frei von schwülstiger Poesie oder scheinheiligen Glaubensbekenntnissen. Über die Jahre hinweg gab es immer mal wieder auch spöttische Kommentare. Zu stillos, zu trivial oder zu trashig fand manch Dubliner die Statue. In einer Stadt voller millionenteurer Prestigeprojekte, architektonischer Glanzlichter und Denkmäler zur Heldenverehrung berührt aber gerade die Schlichtheit dieser kleinen, ein bisschen zu kitschig geratenen Jesus-Figur auf ganz besondere Weise.

- Cathal Brugha Street Ecke O'Connell Street, Dublin 2
- ÖPNV: LUAS Green Line bis Stop O'Connell Upper

TAXI

Musik von Hand gemacht

56 Piper's Corner

Ein neues Pub hatte Dublin ungefähr so dringend nötig wie die Wüste neuen Sand. Irrtum! Denn unter all den vielen Kneipen und Bars, die eher Durchgangsstationen für Alkoholkonsumenten als gemütliche Ersatzwohnzimmer sind, stellt Piper's Corner eine echte Oase dar. Nicht Guinness, sondern Musik ist die Gravitationskraft, die in dieses Pub zieht, das Mitte 2017 eröffnet wurde.

Von seiner Fassade prangt ein riesiges Bild von Séamus Ennis. Ennis wurde als Sammler von Liedern und Melodien, vor allem aber als virtuoser Spieler des irischen Dudelsacks, der Uilleann Pipe, zur Volksmusiklegende. Das Innere des Pubs ist schlicht und schnörkellos gehalten. Die Hauptrolle spielt hier traditionelle irische Musik – und das an sieben Abenden in der Woche. In Zeiten, in denen wir uns sofortige musikalische Befriedigung verschaffen durch sekundenschnelles Herunterladen von Soundfiles im Internet, in denen allgegenwärtige Berieselungsmusik in Kaufhäusern, Friseursalons und Restaurants den Soundtrack unseres Alltags bildet, riskieren wir, etwas unendlich Wertvolles zu verlieren. Etwas, das nur Musik schafft, die nicht aus der Steckdose kommt. Wenn die Musiker im Piper's Corner zur Geige, Tin Whistle und Uilleann Pipe greifen, der eigene Fuß dann ohne Erlaubnis des Gehirns anfängt, den Takt mitzuklopfen, die Hand einstimmt, schließlich auch Kopf und Oberkörper wippen und ein Lachen unser Gesicht flutet, zeigt sich die elektrisierende Kraft der Musik. Musik, die einen absorbiert, die einen in die melancholische Versenkung oder in euphorische Höhenflüge schickt. Handgemachte Musik, für die man alles stehen und liegen lässt, sogar sein Bier und das hervorragende Barfood. Die kollektive Energie im Raum umschließt Musiker und Publikum in einer akustischen Umarmung, weshalb Sessions im Piper's Corner auf die Psyche der Zuhörer auch den gleichen Effekt haben wie vielleicht Räucherstäbchen auf buddhistische Mönche – sie machen unendlich glücklich.

TIPP

Welche Musiker am Abend spielen, wird vorab auf Twitter angekündigt.

● Piper's Corner, 105–106 Marlborough Street, Dublin 1, D01 FD28, Tel. +353 1/8 73 35 03, www.piperscorner.ie

● ÖPNV: LUAS Green Line bis Stop Marlborough

PIPERS
CORN
SACKVILLE PLACE
PIPERS CORN
EXCEPT TAXIS
AND ACCESS
PIPERS CORNE

Guerilla-Gedenken

57 Plakette für Father Pat Noise

So exzentrisch wie die Briten sind sie nicht. An kauzigen Charakteren mangelt es den Iren aber keineswegs, und fast alle sind sie mit einem großartigen Sinn für Humor gesegnet. Dem wurde in Dublin sogar ein Denkmal gesetzt. Allerdings ahnte das noch niemand, als die Plakette für Father Pat Noise im Jahr 2006 entdeckt wurde.

Laut Inschrift der kleinen Bronzetafel, eingelassen in die Balustrade der O'Connell Bridge, war sie dem katholischen Priester Pat Noise gewidmet, der unter mysteriösen Umständen starb, als seine Kutsche am 10. August 1919 von der Brücke in den Liffey-Fluss stürzte.

Wer war Pat Noise? Weder Stadtarchive noch Historiker hatten darauf eine Antwort. Sicher war nach einiger Recherche nur, dass die Plakette ohne Genehmigung angebracht worden war. Guerilla-Gardening, die heimliche Aussaat von Pflanzen als Mittel des Protests, wird inzwischen ja in vielen Großstädten praktiziert. Geht der Trend nun zum Guerilla-Gedenken? Die Dubliner beschäftigten sich jedenfalls in den nächsten Monaten mit den Fragen, ob Pat Noise ein Spiel mit dem lateinischen Wort Pater Noster sein soll, wer die verantwortlichen Scherzbolde sind, wogegen sie eigentlich protestieren, und ob das Profil des Mannes, das auf der Plakette eingemeißelt ist, ein reales Vorbild hat. Als die Stadtverwaltung schließlich ankündigte, die nichtautorisierte Tafel entfernen zu lassen, hatten die Dubliner sie bereits so ins Herz geschlossen, dass sie eine Kampagne zur Rettung der Plakette starteten. Irrelevant, ob Pat Noise tatsächlich gelebt hat. Wichtig war allein die Wirkung der Gedenktafel auf die Menschen. Sie beflügelte ihre Fantasie und bewegte sie zu gemeinsamen Aktionen, etwas, was kein anderes der zahlreichen Monumente Dublins geschafft hatte. Letztlich durfte die Pat-Noise-Plakette bleiben. Es ist stiller um sie geworden, Eingeweihte aber freuen sich beim Gang über die O'Connell Bridge, wenn sie an der kleinen Tafel vorbeigehen – ein Symbol für zivilen Ungehorsam und für den typisch irischen Humor.

- Plakette für Father Pat Noise, Westseite der O'Connell Bridge, Dublin 2
- ÖPNV: Bus 4, 7, 7A, 40 bis Stop 273, O'Connell Bridge, Dublin City South, Straßenseite gegenüber

THIS PLAQUE COMMEMORATES
FR. PAT NOISE
ADVISOR TO PEADAR CLANCEY.
HE DIED UNDER SUSPICIOUS
CIRCUMSTANCES WHEN HIS
CARRIAGE PLUNGED INTO THE
LIFFEY ON AUGUST 10TH 1919.
ERECTED BY

Blaue Stunde auf den Brücken

58

Von Ha'penny Bridge bis Samuel Beckett Bridge

Lange Zeit war es mit großen Umwegen verbunden, vom Norden der Stadt in die südlichen Viertel zu gelangen, weil kaum Brücken über den Liffey-Fluss führten. Mit jedem neuen Brückenbau konnte nicht allein dieses infrastrukturelle Manko behoben werden, es wurden auch viele architektonische Ausrufungszeichen ins Stadtbild gesetzt. Gut zwei Dutzend Konstruktionen aus Beton, Granit, Stahl und Glas überspannen die Liffey – Bogenbrücken mit gusseisernen Geländern, drehbare Brückenhälften für die Passage von Schiffen, Fußwege mit gläsernem Boden oder Formen, die den Flügeln eines Mantarochens nachempfunden sind wie bei der Spencer Dock Bridge. Der Star unter Dublins Brücken ist jedoch die nach dem Literaturnobelpreisträger Samuel Beckett benannte harfengleiche Schrägseilbrücke, von der aus man einen tollen Blick auf den Hafen hat.

TIPP

Neue Perspektiven auf Dublin findet man in den Kursen der Photo Academy. (www.thephotoacademy.com)

Sind die unterschiedlichen Bauformen der Brücken selbst schon eine Freude für jeden Fotografen, verspricht ihnen die blaue Stunde das Glück, die Liffey-Übergänge bei ganz speziellen Lichtverhältnissen und milden Kontrasten bannen zu können. Die besondere Färbung des Himmels während der Zeit der Dämmerung zwischen Sonnenuntergang und Eintritt der nächtlichen Dunkelheit schafft eine Kulisse, in der man Romantik, Melancholie und Verträumtheit aufs Schönste in Szene setzen kann. Nur wenn sich Tag und Nacht begegnen, kommt dieses magische Blau hervor, das die Welt in eine sanfte Umarmung hüllt. Dann spiegeln sich die Lichter der Laternen und Uferhäuser in abstrakten Mustern aus bunten Streifen, Kringeln und Wellen auf dem Wasser der Liffey wider, und durch Brückenpfeiler und -bögen segeln Möwen, denen die letzten Sonnenstrahlen die Bäuche golden pudern. Auch die Brücken selbst werden beleuchtet und schicken gleißendes Weiß, warmes Orange oder schillernde Grüntöne in den Abend hinaus, und vor allem einige der Fußgängerbrücken verwandeln sich während der blauen Stunde in die beschaulichsten Orte der Stadt. Seine Lieblingsbrücke muss aber jeder selbst finden.

- Brücken entlang der Liffey: www.bridgesofdublin.ie
- ÖPNV: Bus 60, 151, 100X, 500, G1, G2 bis Stop 2499, CHQ, Docklands (zur Sean O'Casey Bridge)

Ein 99er, bitte!

59

Teddy's Ice Cream

„Ich weiß, was du letzten Sommer getan hast." Wenn man einen echten Dubliner vor sich hat, trifft man mit dieser Mutmaßung ziemlich sicher ins Schwarze, denn die Bewohner der irischen Hauptstadt haben alle eines gemeinsam: An sonnenprallen Schönwettertagen ziehen sie nach Dún Laoghaire und stellen sich dort vor Teddy´s in die Schlange. Seit über 70 Jahren sorgt die kleine Eisdiele am Ende der Windsor Terrace für süße Erinnerungen. Seit Edward „Teddy" Jacobs im Jahr 1950 zum ersten Mal das kleine Verkaufsfenster mit Blick auf die Scotsman´s Bay öffnete, gehört ein Besuch bei Teddy´s zu den unverzichtbaren Sommerritualen der Dubliner.

Hier kommt traditionell nur cremiges Vanille-Softeis ins Hörnchen, mal in einen zarten Schoko-Mantel getaucht oder mit Sirup veredelt, mal mit regenbogenbunten Streuseln oder Liebesperlen verziert. Wer davon träumt, einmal in ein Wölkchen zu beißen, lässt sein Eis mit einer Marshmallow-Haube bedecken. Für Puristen darf die sündhafte Vanille aber nur in Begleitung eines Schokoladenstäbchens kommen, das seitlich in den sahnigen Kegel gesteckt wird. „That´s a classic 99!", erklärt Yasmin Kahn, die den Laden gemeinsam mit ihren Brüdern leitet. Ein klassisches 99er? Anfang des 20. Jahrhunderts, als die Kunst der Eisherstellung auch auf den britischen Inseln noch eine ganz und gar italienische Angelegenheit war, kamen ein paar pfiffige Gelatieri auf die Idee, ihr Softeis mit einem kleinen krümeligen Schokoriegel zu krönen. Aus Verbundenheit zum König ihres Heimatlandes, der sich stets mit einer Elitegarde von 99 Leibwächtern umgab, nannten die italienischen Einwanderer ihre neue Eiskreation 99 – ein Eliteeis eben, so erstklassig wie die Männer des Monarchen.

Stahlharte Kerle als Namensgeber für einen Softie? Die Legende ist ebenso gut gerührt wie das Eis, das nach Dubliner Kindheit und nach Sonnentagen an Dún Laoghaires Küste schmeckt und das jeden Besucher von Teddy´s zum Inhaber einer kostbaren Sammlung irischer Sommererlebnisse macht.

TIPP

Lieber vegan und laktosefrei genießen? Teddy's hat auch Sorten auf Soja- und Kokosmilch-basis im Angebot.

- Teddy's Ice Cream, 1A Windsor Terrace, Dún Laoghaire, A96 HN52, Tel. +353 86/4 52 93 94, www.teddysicecream.com
- ÖPNV: DART Richtung Bray und Greystones bis Station Sandycove and Glasthule

EDDY'S

Kein Grund, nur Rot zu sehen

60

St. Anne's Rosengarten

Weitläufig, wunderschön und romantisch ist er und breitet sich auf einer Fläche von 240 Hektar zwischen den Dubliner Vororten Raheny und Clontarf aus. Dachsen, Igeln, Falken und Füchsen bietet er eine Heimat. Jogger und Hundebesitzer finden hier Auslauf und naturliebende Müßiggänger viel Raum fürs Nichtstun im Schatten alter Bäume. St. Anne's heißt dieser großartige Park voller Wiesen und Waldwege, Sport-, Spiel- und Picknickplätze und von Juni bis September auch voller blühender Rosen. Von Schneeköniginnenweiß und Lichtgelb über Perlrosa und Blassorange bis zu tiefdunklem Rubinrot reichen die Farben der Blüten. Auf die grellen Zinnober- und Scharlachrottöne verzichten St. Anne's Gärtner aber ebenso wie auf die schauerlich künstlichen Modefarben Schwarz oder Blau. Ihnen gelingt es, die Balance zwischen fantasievoller Gestaltung und farblicher Harmonie zu halten und den Besuchern einen feinen Reigen von Farben, Formen und Düften zu präsentieren.

Der 1975 eröffnete Rosengarten im St. Anne's Park ist ein Gesamtkunstwerk. Eingebettet in Rasenflächen und von dunklen Hecken gerahmt stehen da niedrig wachsende Rosenstämme in ihren Beeten Spalier, weit überragt von meterhoch wuchernden Rosenbüschen. Alte Strauchrosensorten konkurrieren mit modernen Teerosen, und Kletter- und Wanderrosen ranken an Säulen empor. Zart, edel und wundervoll duftend die einen, robust und kraftvoller in ihren Farben die anderen, aber alle zauberhaft und makellos elegant.

Die wohltuende Wirkung der Königin der Blumen spürt, wer die Zeit im Rosengarten einfach verträumt. Von der nahen See weht frische Luft herüber, und Singvögel lassen ihr gesamtes Liedrepertoire hören, während die intensiven Düfte und Farben der Rosen unsere Sinne stimulieren. „Wer ein Leben lang glücklich sein will, der werde Gärtner" lautet ein Sprichwort, das selten so einleuchtend schien wie inmitten des Rosenmeeres im St. Anne's Park. Wie schön, dass wir uns bei einem Besuch ein Stück von diesem Gärtnerglück borgen können.

TIPP

An einem Wochenende im Juli findet stets das jährliche Rosenfestival im St. Anne's Park statt.

- St. Anne's Rosengarten, Clontarf East, Raheny, Dublin 5, D05 EA31, Tel. +353 1/2 22 52 78, www.dublincity.ie
- ÖPNV: DART Richtung Malahide und Howth bis Station Harmonstown, 10 Minuten Fußweg

Die Piep-Show

61

North Bull Island Nature Reserve

Nichts außer Natur, und das kilometerweit. Nur endloser Strand, plätschernde Wellen, Wind, der raschelnd durchs Dünengras kämmt, und winzige Wattvögel, die wie aufgezogen am Meeressaum entlangflitzen. North Bull Island heißt das kleine Paradies, das es vor 200 Jahren noch gar nicht gegeben hat. Irlands jüngste Insel ist durch den Bau zweier Seewälle entstanden. Weil die den Dubliner Hafen vor der Verlandung schützen und Schiffen eine freie Passage sichern, lagern sich Sand und Sedimente weiter nördlich ab. Seit Ende der 1820er-Jahre formt sich deshalb vor der Küste des Dubliner Vorortes Clontarf eine immer größer werdende Sandbank, die inzwischen fünf Kilometer lang und rund einen Kilometer breit ist.

Eine Insel für alle Jahreszeiten: Im Frühjahr erfüllen die Lieder der Feldlerchen die Luft, die hier im hohen Gras brüten. Weil sich der sandige Boden zu Beginn des Sommers schnell erwärmt, werden die Dünen dann über und über mit wilden Stiefmütterchen bedeckt, mit gelbem Labkraut und purpurfarbenem Meerlavendel. Orchideen flirten mit der Sonne, und an der Nordspitze der Insel faulenzen bei Ebbe die Seehunde. Häufiger, das heißt eigentlich ununterbrochen, kommen einem allerdings Vögel vor den Feldstecher, die in Salzwiesen, Sumpf, Dünen und Watt ideale Lebensräume finden. Die immer ein wenig empört klingenden Austernfischer stecken ihre korallenroten Schnäbel ebenso wie Brachvögel und Regenpfeifer auf der Suche nach Nahrung in den Sand, und den Graureihern leisten nicht bloß Trottellummen, Seeschwalben und Sturmtaucher, sondern auch immer öfter die eleganten Seidenreiher Gesellschaft. Die Stars der jährlichen Vogelschau sind jedoch die Ringelgänse, die auf Bull Island Station machen, bevor sie sich im Frühjahr in ihre Brutgebiete nach Grönland oder Kanada aufmachen. Bis zu 40.000 Vögel anderer Arten halten die Insel ebenfalls für das perfekte Winterquartier. 40.000 Glücksbringer für Ornithologen, Naturfreunde und Fotografen.

TIPP

Wer Papageientaucher beobachten möchte, kann von Howth aus die Insel Ireland's Eye ansteuern.

- North Bull Island Nature Reserve, Causeway Road, Bull Island, Co. Dublin, Tel. +353 1/2 22 52 78, www.dublincity.ie
- ÖPNV: Bus 6 bis Stop 7729, Causeway Road, Raheny, 15 Minuten Fußweg

Der Genussgarant

62

The Red Stables Food Market

Glücklich gelegte Eier, cremiger Quark und orangerote Möhren, die mit Petersilie und Blumenkohl Komplementärkontrast spielen, dazu der Duft von frischem Brot, die Gespräche der Marktbesucher und der Geschmack von geräuchertem Wildlachs – nirgends kann Einkaufen sinnlicher sein als auf einem irischen Bauernmarkt. Hunderte Produkte reizen hier Augen, Nase, Ohren und Gaumen. Den Ruf, einer der besten Märkte in Dublin zu sein, genießt der Red Stables Farmers' Market, der jeden Samstag im St. Anne's Park abgehalten wird. Der wöchentliche Besuch dort ist für viele Dubliner zum Ritual geworden. Mit Einkaufskörben ziehen sie auf den Platz in unmittelbarer Nähe der Red Stables, eines aufwendig restaurierten historischen Gebäudekomplexes aus rotem Backstein.

Neben Kunsthandwerk und Blumen finden Käufer auf diesem Markt fast alles für ihre Küche. Vom Käsestand geht es zum Metzgerwagen mit den regionalen Fleischspezialitäten, weiter zum Marmeladen- und Honigmann, zum Kuchenstand und schließlich zur Gemüsefrau. Deren Kartoffeln sind mal kugelig-klein, mal groß wie eine Boxer-Faust, und wenigstens 20 verschiedene Grüntöne leuchten in ihren Kisten voller Koriander, Petersilie, Schnittlauch und Rosmarin. Viele Lebensmittel werden lokal produziert, saisongerecht angebaut und frisch geerntet, doch griechische Oliven und spanischer Schinken finden in den Einkaufstaschen immer noch Platz neben irischer Wurst und Soda Bread. Zu meinen Favoriten gehören die zarten Silver Darlings, eingelegte Heringe nach skandinavischer Art, das Meersalz von Achill Island und handgemachte Pralinen. Die entspannte Marktatmosphäre und eine Plauderei mit den Händlern genießend wundert man sich nicht mehr, dass Menschen in Supermärkten so selten glücklich aussehen. Endlos lange Regalschluchten, Massenware in Plastikverpackung und Warteschlangen vor der Kasse drücken dort die Stimmung kräftig nieder. Wie gut, dass es noch Wochenmärkte wie den Red Stables Farmers' Market als fröhlich machende Gegenmittel gibt.

TIPP

Immer sonntags findet im People's Park von Dún Laoghaire ein ebenfalls toller Wochenmarkt statt.

- The Red Stables Food Market, The Red Stables, Mount Prospect Avenue, Dublin 3, D03 X0C3, Tel. +353 1/2 77 78 41
- ÖPNV: Bus 130 bis Stop 1758, Mount Prospect Ave, Dollymount

Die Wellenschaukler

63 Dublin Bay Cruises

Ferientage bei schönem Wetter sind in Dublin stets Feiertage, steigerungsfähig nur noch dadurch, dass man sie auf einem Schiff verbringen kann. Denn Schiffe sind Orte, an denen man nicht besonders viel denken muss. An Bord kann man Seeluft schnuppern, in der Sonne baden, sich vom Glitzern der Wellen hypnotisieren und von Gischtspritzern erfrischen lassen.

Eine Bootsfahrt über die Dublin Bay startet am Sir John Rogerson's Quay im Stadtzentrum, führt zum Hafen von Dún Laoghaire und zurück über die Bucht zum Hafen von Howth. Dass die Dublin Bay zur UNESCO-Biosphäre erklärt wurde und weltweit das einzige Biosphärenreservat ist, das sich zum größten Teil auf dem Gebiet einer Hauptstadt befindet, wissen selbst viele Dubliner nicht, können es aber von einem der Tourguides erfahren. Die informieren während der Schiffsfahrt auf unterhaltsame Weise über die biologische Vielfalt an Dublins Küste.

Vorbei an den Frachtschiffen, Kränen und Containern in Dublins Hafen geht es hinaus auf die Bucht, begleitet von einer Möwenbande, die darauf hofft, dass die Passagiere ihren Proviant mit ihnen teilen. Sehnsüchtige stehen an der Reling, Staunende und Schweigsame – so eine Bootstour macht einsilbig. Kein Wort wird gesprochen, bis in der Ferne Delfine durch das Wasser pflügen oder eine Seevogelkolonie auf einer Klippe ausgemacht wird. Anschließend kehrt die Stille zurück, und man kann beobachten, was die Irische See mit den Menschen macht: Sie atmen tief ein und lange aus, öffnen sich für die Wasserlandschaft und spüren deren Weite. Im Kräuseln der Wellen zerstreuen sich lästige Gedanken, und erst, wenn der Tourguide auf einen Schwarm Austernfischer aufmerksam macht oder sich vor der Halbinsel Howth Schweinswale blicken lassen, wird die Meeresmeditation wieder kurz unterbrochen.

Unsere Bootstickets werden wir aufbewahren als Trophäen einer Auszeit, sie werden uns daran erinnern, wie reich wir sind, reich an Zeit, die wir einfach damit verbringen können, in der Natur zu entspannen.

TIPP

Eine kürzere Bootstour führt von Dún Laoghaire nach Süden und um Dalkey Island herum.

● East Pier Dún Laoghaire Harbour, Dún Laoghaire, Co. Dublin, A96 AX98, Tel. +353 1/9 01 17 57, dublinbaycruises.rezgo.com

● ÖPNV: Abfahrt City: Bus 60 bis Stop 7512, John Rogersons Quay, North Wall

DUBLIN BAY CRUISE
Available for Private Hire

Stamm der Tiere

64 Tommy Craggs Baumskulptur

Der Baum ist tot, es lebe der Baum – so lässt sich die Geschichte eines Wahrzeichens zusammenfassen, das man durch ein anderes ersetzt hatte. Unter starken Protesten der Einheimischen wurde ein großer Zypressenbaum gefällt, der an der nordöstlichen Ecke des St. Anne's Parks über Jahrzehnte eine Landmarke war und alle Autofahrer auf ihrem Weg von Dublin nach Howth verlässlich gegrüßt hatte. Rund zehn Meter des Baums ließ man jedoch stehen, auf das der Brite Tommy Craggs, von Beruf Baumbildhauer, ans Werk gehen konnte. Dass er früher als Forstwirt gearbeitet und sich so ein tiefes Verständnis für die Materie Holz erworben hat, erklärt die geniale Präzision, mit der Craggs den Stamm der alten Zypresse in ein Kunstwerk verwandeln konnte. Ganz oben thront ein prächtiger Schwan. Ein Bussard breitet seine Schwingen aus. Eulen und Eichhörnchen lugen aus ihren Höhlen, und mit kullerrunden Augen blickt ein schüchternes Seepferdchen an den Tentakeln einiger Quallen vorbei in die Welt hinaus. Craggs hat sich für diese Arbeit von der Tierwelt inspirieren lassen, die im Naturschutzgebiet auf der nahen Bull Island, in Dublins Parks und dem Meer vor der Haustür zu finden ist. Die drei Ebenen seiner Baumskulptur stellen drei unterschiedliche Lebensräume dar: Meereslebewesen unten, erdgebundene Tiere in der Mitte und Vögel an der Spitze. Die Details im Fell und an den Federn der Tiere wirken umso meisterhafter, als die Arbeit nicht mit Meißeln, sondern mit verschiedenen Kettensägen ausgeführt wurde und Craggs den Beinamen „Michelangelo der Kettensägenschnitzer" einbrachte.

Menschen, die am Rande des Parks spazieren gehen, halten an und blicken am Stamm entlang nach oben. Sie streichen behutsam über den glänzend glatten Panzer einer Schildkröte oder die Flosse eines Delfins – und lächeln. So, wie sie sich früher zu der Zypresse hingezogen fühlten, empfinden sie heute eine starke Verbundenheit mit der Skulptur, die ihrem alten Baum ein zweites Leben und ihnen einen neuen Begleiter gab.

● Baumskulptur, Kreuzung Watermill Road/James Larkin Road, Clontarf, Dublin 3
www.treesculpting.co.uk
● ÖPNV: Bus 6 bis Stop 7729, Causeway Road, Raheny, kurzer Fußweg

Rendezvous mit Robben

65

Howth Harbour

Nicht jeder kann in königliche Fußstapfen treten. Mit Schuhgröße 37 passt man so gerade eben in die Abdrücke, die zur Erinnerung an die Ankunft von George IV. am Westpier von Howth in den Beton der Kaimauer gegossen wurden. So spitz zulaufend und zierlich wie die Monarchenschuhe gewesen sein müssen, hätten sie auch einer Selkie-Frau gepasst, die vielleicht in Howth an Land gegangen ist. Selkies – so wurden in der keltischen Mythologie die Robbenmenschen genannt, Meerestiere, die ihr Fell abwerfen und sich in Menschen verwandeln können.

In Schottland, Skandinavien und Irland kennt man Dutzende Versionen von Selkie-Sagen – alle mit tragischem Ausgang. Meist ist es ein wunderschönes Selkie-Mädchen, dem ein verliebter Menschenmann das abgelegte Fell stiehlt, sodass es gezwungen ist, bei ihm zu bleiben. Sie wird zu einer liebenden Ehefrau und Mutter. Doch sobald sie ihr Fell zurückerhält, können weder Ketten aus Eisen noch Ketten aus Liebe sie von einer Rückkehr ins Meer abhalten. Regelmäßig taucht sie jedoch an die Oberfläche, um nachzuschauen, wie es ihren Liebsten geht.

Regelmäßig lugen auch im Hafen von Howth die Köpfe neugieriger Robben hervor. Selkies, die sich danach sehnen, an Land zu sein? Wohl eher clevere Tiere mit einem hervorragenden Gedächtnis. Bis vor wenigen Jahren verkauften die Fischer von Howth ihren Beifang als Robbenfutter an Touristen. Das ist inzwischen verboten, doch die Tiere erinnern sich noch daran und geben die Hoffnung nicht auf. Vier, fünf sind fast zu jeder Tageszeit im Hafenbecken anzutreffen. Einige besonders Zutrauliche kommen den Menschen sehr nah und betteln mit betörenden Blicken aus großen tiefschwarzen Augen. Selkie-Männer sollen übrigens sehr gut aussehend und mit magischen Kräften ausgestattet gewesen sein, um Frauen zu verführen. Romantikerinnen, die der Sache auf den Grund gehen wollen, halten sich an die Anweisung der alten Kelten: einfach bei Flut sieben Tränen ins Meer weinen. Alle anderen genießen das Glück, Robben aus nächster Nähe beobachten zu können.

TIPP

Auf einer Wanderung entlang der Küste von Howth kann man mit Glück Schweinswale und Delfine sichten.

- Howth Harbour, Howth, Dublin 13
- ÖPNV: DART bis Station Howth, 5 Minuten Fußweg

Nachmittagsküsschen

66 Póg – Café & Restaurant

Tee: Als Getränk für alle Lebenslagen ist er für Iren so wichtig wie Guinness oder die Farbe Grün. Die Frage, ob man eine Tasse Tee haben möchte, wird rein rhetorisch gestellt, etwa so, wie man einen von einer Giftschlange gebissenen Mann fragt, ob man ihm das Gegengift verabreichen soll. Einem Iren erscheint die angebotene Flüssigkeit in beiden Fällen lebensnotwendig, weshalb die Antwort auch gar nicht abgewartet wird.

„I'll put the kettle on", ist der Satz, der im irischen Alltag wohl am häufigsten fällt. Tee zum Frühstück, Tee zur Begrüßung eines Gastes, Tee nach dem Einkaufen, Tee zur Beruhigung, Tee nach der Geburt eines Kälbchens und Tee zum Trost über verpatzte Prüfungen. Der von den Briten geerbte Afternoon Tea zum Stillen des Hungers zwischen Mittagessen und Abendbrot ist die wohl stilvollste Variante dieser Teekultur. Im Herzen von Howth wird diese Tradition gepflegt, allerdings in einer Form, die wunderbar ins 21. Jahrhundert passt – peppig, bunt, experimentierfreudig und sogar vegan. Das irische Wort für Kuss hat Rachel Keane als Namen für ihre kleine Kaffeehauskette gewählt – Póg. Geküsst darf man sich von den herzhaften Häppchen und süßen Leckereien auch fühlen, die auf schicken Etageren serviert werden. Eine Auswahl an hausgemachten Küchlein, Sandwiches, Gebäck, Mini-Burgern und Falafel-Wraps. Vorsicht, allerhöchste Suchtgefahr besteht beim Trüffel-Bananenbrot und der Cashew-Chili-Creme auf geröstetem Sauerteigtoast. Dazu ein Glas Prosecco, verführerischer Mint Choc Chai, klassischer Earl Grey oder doch lieber prickelnder Brombeertee? Es ist für jeden Geschmack etwas dabei.

Wer vergessen hat, rechtzeitig für die *Afternoon Tea Experience* zu reservieren, findet gebührenden Trost in Pógs üppigen Pfannkuchen-Stapeln. Die müssen zur Erfüllung der Perfektionskriterien aus mindestens drei Lagen bestehen, zwischen denen sich massenhaft Früchte, Schokolade, Sirup und Nüsse vermischen – das ist dann kein Küsschen mehr, sondern ein dicker Schmatzer.

TIPP

Am offenen Kamin und bei Pianomusik genießt man einen Luxus-Afternoon-Tea im Hotel The Westbury.

● Póg Café Howth, Island View House, 1 Harbour Road, Howth, Dublin 13, D13 Y9P0, Tel. +353 1/8 32 58 47, www.ifancyapog.ie

● ÖPNV: DART Richtung Howth bis Station Howth, 10 Minuten Fußweg

Möwenwecker

67 King Sitric B&B

Wenn Wellen einen in den Schlaf wiegen, die Sonne neben dem Bett aufgeht, man sich schon Stunden vor dem Aufstehen auf selbst geräucherten Lachs und hausgemachtes Sodabrot zum Frühstück freut und sein Zimmer für den Rest des Tages gar nicht mehr verlassen möchte, dann weiß man, wie Wellness auf Irisch funktioniert: ganz ohne Spa, aber mit sehr viel Gastfreundschaft und mit dem richtigen Gespür für die Dinge. Die bis zur Unbewohnbarkeit designten Wohnidyllen aus dem Lifestylemagazin waren jedenfalls keine Inspirationsquelle für die Gestaltung des King Sitric B&B.

Weil das Bed and Breakfast, das Joan und Aidan Mac Manus zusammen mit dem gleichnamigen Restaurant in Howth führen, so nah am Meer liegt, tragen alle acht Zimmer die Namen von Leuchttürmen – Baily, Fastnet, Kish, Tuskar Rock … Wie ein Leuchtturmwärter fühlen kann man sich bei der Aussicht auch. Vor einem liegt das Aquarell des Meeres: Eisblau, Kobaltblau, Saphir, Türkis und Kleckse von Tintenblau – als hätte sich die See alles Blaue vom Himmel heruntergelogen. Über den zieht im nächsten Akt schon eine Armada dunkler Wolken. Erst schraffiert dünner Regen das Bild, dann trommeln dicke Tropfen gegen die Scheibe, die längst getrocknet ist, wenn Möwen bei Sonnenuntergang mit rostrot beleuchteten Bäuchen und heiserem Lachen vorbeisausen. Die gerahmte Welt vor dem Fenster ersetzt jeden Fernsehfilm. Davon ist auch der Letzte überzeugt, wenn am nächsten Morgen rechts unten im Bild die Köpfe vorwitziger Robben auftauchen. Dann ist der Blick aus dem Fenster das erste und einzige Programm, ein zweites braucht es nicht. Die vorerst letzte Folge der Fenstergeschichten läuft dann auf dem Heimweg. Erwischt man einen Platz auf der richtigen Seite im Flieger, kann man ein letztes Mal wehmütig auf den Hafen, die heidevioletten Hügel von Howth und auf King Sitric schauen – auf das erdbeerrot gestrichene Restaurant und das blaubeerblaue B&B, die auf einer Landkarte der Sehnsuchtsorte eine besonders dicke Markierung verdienen.

TIPP

Für die beste Aussicht bucht man ein Zimmer in den oberen Etagen.

● King Sitric B&B, East Pier, Howth, Dublin 13, D13 F5C6, Tel. +353 1/8 32 52 35
www.kingsitric.ie
● ÖPNV: DART bis Station Howth, 10 Minuten Fußweg

Der Seufzer-Hügel

68

Muck Rock

Nach einem anstrengenden Arbeitstag voller Überfälle und Plünderungen legte sich ein müder Wikinger auf einem Hügel in Howth nieder, um ein Nickerchen zu machen. Hocherfreut über seine wohltuend weiche Lagerstätte aus Moos und Heidekraut gab er ein einsilbiges Grunzen von sich – und so kam Howth zu seinem Namen. Na ja, beinahe. Wahr ist, dass die Nordmänner die Halbinsel an der Spitze der Dublin Bay „Hoved“ – „Landzunge“ genannt haben. Testen, ob sich die Hügel dort für eine Ruhepause eignen, kann man ja trotzdem und wandert zu diesem Zweck am besten auf den Muck Rock.

Vom Hafen aus Richtung Howth Castle starten, vorbei am Deer Park und weiter den Golfplatz entlang, bis der Weg in ein Dickicht aus Rhododendren mündet. Im Frühsommer blühen die riesigen Büsche verschwenderisch und schicken pinke, rote und weiße Lichtstrahlen aus. Botanisch leicht entflammbare Romantiker könnten sich an diesem Ort ein Vorbild an Leopold Bloom nehmen. Die Hauptfigur in James Joyce' Roman „Ulysses“ hält auf Howth um die Hand seiner Molly an, während sie unter einem Himmel aus Rhododendronblüten liegen.

Mit sehr viel mehr Weitsicht lassen sich solch folgenreiche Fragen allerdings erst auf dem Muck Rock stellen. Dort oben angekommen, weiß man gar nicht, wohin man zuerst schauen soll. Zum Hafen von Howth, zu den vielen Booten, die Schleppen aus Schaum hinter sich herziehen, oder zum goldenen Sandstand von Portmarnock? Gleitet der Blick weiter in die Ferne, erreicht er schließlich die tuschblauen Mourne Mountains in Nordirland. Eine 180-Grad-Drehung genügt, und das Naturkino präsentiert Dublin Bay in allen Blautönen, die Wicklow Mountains und die Küste von Bray. Selbst bei bedecktem Himmel fügen sich Hügel, Heidekraut, phosphoreszierend helles Gras und die Weite der Irischen See zu einem wundervollen Mosaik zusammen. Einen so dicken Knoten binden einem nicht viele Aussichten ins Erinnerungstaschentuch. So schön ist es auf dem Muck Rock, man könnte glatt seufzen wie ein Wikinger.

- Muck Rock, Howth, Dublin 13
- ÖPNV: Bus 6 bis Stop 698, Howth Golf Club, Howth, etwa 1,5 Stunden Wanderung

Nicht alle auf einmal!

69 Howth Harbour Market

Kann Süßes die Welt retten? Beim Genuss eines buttrigen Vanilleküchleins mit Kaffeecreme-Topping desertieren alle boshaften Gedanken jedenfalls unverzüglich und versprechen, nicht zurückzukehren, wenn es noch ein Bananen-Ananas-Törtchen mit Frischkäseglasur gibt. Die Quelle für diese weltverschönernden Leckereien ist der Stand von Paula und Gerard Coyne auf dem Harbour Market in Howth.

Dort paradieren ihre schokobraunen, himbeerroten und vanillegelben Cupcakes mit pfefferminzgrünen und pinken Cremehauben, denen frische Erdbeeren, Kirschen und Kokosstreusel noch das i-Tüpfelchen obendrauf setzen. „Hummingbird", „Lemon Drop", „Snowball" oder „Red Velvet" haben die Coynes ihre köstlichen Kreationen aus Kuchen und luftig leichten Zipfelmützen genannt – alles kleine Stücke vom Glück.

Die stimmungsaufhellenden Kalorienbömbchen sind frei von künstlichen Aromen und Konservierungsstoffen und verheißen so viel Zartheit und Süße, dass Naschkatzen kaum Augen für die anderen Markthändler haben, die jeden Samstag und Sonntag eine große Auswahl an Bio-Produkten, handgefertigtem Schmuck, Kleidung und frischen Backwaren anbieten. Um sicherzustellen, dass der 2005 gegründete Markt am Hafen von Howth keine Konkurrenz für die lokalen Geschäfte darstellt, ist die Produktpalette klein, aber erstklassig und auch ein bisschen exotisch. Mit asiatischen Eiernudeln, spanischen Churros, südafrikanischem Biltong und türkischen Baklava kann man beim Gang über den Markt ganz leicht eine kulinarische Weltreise unternehmen, die schließlich wieder bei den raffinierten Cupcakes der Familie Coyne endet. Um die sündige Törtchen-Affäre beim Nachmittagstee fortsetzen zu können, braucht man noch ein paar von diesen begehrenswerten Kaffee-Walnuss-Kuchen mit Vanille-Buttercreme und Schokoladenkrönchen. Wer nicht abwarten kann, verdrückt seine Törtchen auf einer Bank an der Hafenpromenade. Mit Blick aufs Meer fließen dann die Glückshormone, bis die Packung leer ist und nur noch ein Cremeklecks auf der Nasenspitze klebt.

● Howth Harbour Market, 3a Harbour Road, Howth, Dublin 13
howthmarket.ie
● ÖPNV: DART bis Station Howth, 5 Minuten Fußweg

DOUBLE
CHOCOLATE
€2.00

Sand wie Samt

70

Portmarnock Beach

Die Welt eines Kindes ist noch frisch und neu, voller Wunder und Aufregungen. Den meisten von uns ist das Entdeckertalent im Erwachsenenalter verloren gegangen. Gut, dass es Strände gibt. Sie ermöglichen uns eine Rückkehr in die Kindheit. Am Wassersaum stehen und auf das Unbekannte schauen, das hinter dem silbrig glimmernden Horizontfaden liegt. Eine Muschel ans Ohr pressen und dem langsamen Murmeln des Meeres lauschen. Nie kehrt man an denselben Strand zurück, denn mit dem Gezeitenwechsel ändert sich auch die Stimmung des Ortes. Mal wühlen Wellen die Sandlandschaft so heftig auf, dass sie daliegt wie ein ungemachtes Bett. Mal föhnt der Wind den Strand so vollkommen glatt, sandburgen- und algenfrei, dass man sich kaum traut, einen Fuß daraufzusetzen, um diese Perfektion nicht zu zerstören.

Dublin hat einige solcher nie langweilig werdender Strände in seiner Umgebung. Der schönste von allen aber ist der Portmarnock Beach, der wegen seines samtig weichen Sandes auch „Velvet Strand" genannt wird. An Schönwettertagen könnte man glauben, man hätte sich im Land verirrt, so karibikblau schimmert die Irische See dann. Die Sonne legt bernsteinfarbene Strahlenkränze um gutmütige Wattewolken, und das Grün der Dünengräser entflammt in Gold und Kanariengelb. Im Winter aber hechelt ein Wind über den fünf Kilometer langen Strand von Portmarnock und färbt einem die Wangen rosa, während sich weit draußen schäumendes Wasser in hohen Wellenkämmen bricht. Menschen werden in dieser weißgrauen Weite dann sehr, sehr leise und so klein wie Caspar David Friedrichs einsamer Mönch. Ob sonnig oder stürmisch, der Samtstrand eignet sich immer dazu, eine kleine Meeresandacht zu halten. Wie das geht? Papierschiffchen aus Träumen falten, sie zusammen mit dem Treibgut der trüben Gedanken zur See fahren lassen und den Möwen lauschen, die vom Himmel krächzen und quieken, als hätten sie sich einen besonders lustigen Witz erzählt. Die Füße im Sand, den Kopf im Wind – so war das schon als Kind.

TIPP

Blaue Flaggen als Gütezeichen für beste Wasserqualität wehen auch über den Stränden in Donabate und Killiney.

- Portmarnock Beach, Strand Road, Portmarnock, Co. Dublin
- ÖPNV: Bus 42, H2 bis Stop 3605, Wendell Avenue, Portmarnock

Ire auf Probe

71 Clash – Gaelic Games School

Liebe zum Land allein genügt nicht. Wer als Ausländer ein echter Ire werden möchte, muss die ungeschriebenen Gesetze des Irischseins erfüllen, und die lauten: Iren ziehen sich für das Wetter an, das sie sich wünschen, und nicht für das, das tatsächlich draußen auf sie wartet. Sie lieben Kartoffeln, sind außerordentlich trinkfest und jubeln, wenn Englands Fußballteam verliert. Ein Kinderspiel, denkt man. Doch die wahre Herausforderung wartet indes noch. Sie heißt Gaelic Games und das bedeutet: Blut, Schweiß und Tränen. Dass es ernst wird, ahnt auch der Laie spätestens dann, wenn die drei O'Driscoll-Brüder Gareth, Cillian und Neil vergitterte Schutzhelme austeilen. Aber keine Bange! Der Weg zum echten Iren führt zwar über das Spielfeld, Kondition und Alter sind in der Sportschule der O'Driscolls aber nicht so wichtig wie die Fähigkeit, über sich selbst lachen zu können.

Gaelic Football und Hurling – so heißen zwei der typisch irischen Sportarten, die eine so knallhart und kräftezehrend wie die andere. Ich bin in beiden gleich schlecht, versage aber lieber im Hurling, einem rasanten Mix aus Hockey, Baseball, Keulenschwingen und Eierlaufen mit dem Ziel, einen tennisballgroßen Lederball auf einem Holzschläger, dem Hurley, zu balancieren, Tore zu schießen und dabei auch noch die Angriffe des Gegners zu überleben. Gareth, Cillian und Neil würzen unser Training noch mit grandiosen Anekdoten aus der Geschichte der Gaelic Games und kleinen Demonstrationen ihres eigenen Könnens, und am Ende der drei Stunden sind Schweiß, Stolz und gut trainierte Lachmuskeln der Lohn für meine Mühen. Falls die Nahkampferfahrungen, die ich an diesem Nachmittag gemacht habe, nicht ausreichen, um wenigstens zur Irin ehrenhalber ernannt zu werden, kann ich mein fehlendes Sporttalent ja vielleicht durch den Spaß kompensieren, den ich dabei habe, anderen zuzuschauen, wie sie Haken schlagen, ihre Hurleys gegeneinanderknallen und den Ball durch die Luft sausen lassen. Jubeln wie ein Ire kann ich problemlos.

TIPP

Ein Muss für Fans der Gaelic Games – die All-Ireland-Finale im Croke Park Stadion. www.crokepark.ie

● Clash – Gaelic Games School, Naomh Mearnóg GAA Club, Portmarnock, Co. Dublin, D13 YK68, Tel. +353 87/6 40 80 17, www.clash.ie
● ÖPNV: Bus 42 bis Stop 6051, PSLC, Portmarnock

O'Neills

Schmetterling & Schlossgeist

72

Malahide Castle

Märchenhaft mutet Malahide Castle mit seinen trutzigen Mauern und zinnenbekrönten Türmen an. Umgeben von einem 100 Hektar großen Park voller exotischer Pflanzen, uralter Bäume und gusseiserner Gewächshäuser liegt eines der ältesten Schlösser des Landes.

Als Dankeschön für seine tatkräftigen Dienste bei der Eroberung Irlands hatte der anglonormannische Ritter Richard Talbot im Jahr 1185 Ländereien in Malahide erhalten, und fast 800 Jahre lang unterhielten die Talbots dort ihren Stammsitz. Doch als Rose Talbot, das letzte Mitglied des Clans, die horrende Erbschaftssteuer nicht aufbringen konnte, musste sie Malahide Castle 1975 an den irischen Staat verkaufen. Der bewahrt nun das Erbe der Talbots und gewährt Besuchern einen Einblick in das Leben der einstigen Schlossherren. Highlights einer geführten Tour durch die Privatgemächer sind die Holzschnitzarbeiten im Eichensaal und die goldgerahmten Gemälde an den Wänden der Großen Halle. Wenn es um den einstigen Schlosswächter Puck geht, der noch heute nachts durch die Gänge spuken soll, wird es besonders für Kinder spannend.

Größere Begeisterung bei kleinen Gästen wecken jedoch die schillernd bunten Schmetterlinge, die in einem der Gewächshäuser über die Köpfe der Besucher schwirren. Die einzelnen Stadien der Entwicklung, vom Ei bis zur gefräßigen Raupe, von der Puppe bis zum schimmernden Falter, lassen sich in kleinen Vitrinen und Brutkästen verfolgen.

In einer interaktiven Ausstellung im Besucherzentrum erfährt man alles über die Entstehung der Schlossgärten, doch mit welcher Leidenschaft der letzte Lord Talbot Pflanzen aus aller Welt sammelte, lässt sich am besten in seinen Gärten erleben – unter Eukalyptusbäumen, zwischen Rosenstöcken, Alpenveilchen und japanischen Perlschweifsträuchern. Ein besonders schönes Plätzchen ist der sogenannte Hühnerhof, ein hinter Mauern versteckt liegendes Gärtchen, in dem zahlreiche Pflanzen aus Chile und Australien gedeihen und sich ab und zu sogar ein neugieriger Pfau blicken lässt.

TIPP

Nach einem kurzen Spaziergang erreicht man Malahide Village mit vielen Bars, Cafés und Restaurants.

● Malahide Castle, Malahide Demesne, Malahide, Co. Dublin, K36 YP65
www.malahidecastleandgardens.ie
● ÖPNV: DART bis Station Malahide, 11 Minuten Fußweg

Tickets

Wer den Wind zähmt

73 Die Mühlen von Skerries

In einer Welt, in der Türen sich von Geisterhand öffnen, Kaffee auf Knopfdruck fließt und Roboterrasenmäher durch unsere Gärten flitzen, geht etwas unwiderstehlich Nostalgisches von Windmühlen aus. Besonders hübsche Beispiele, Naturkräfte zur Energiegewinnung zu nutzen, ziehen einen nördlich von Dublin in ihren Bann. Längst sind die musealen Mühlenschönheiten zum Wahrzeichen des kleinen Küstenortes Skerries geworden. Wo seit dem 12. Jahrhundert Korn gemahlen wurde, können Besucher noch heute die Kraft der Mühlen fühlen. Aus einem großen Teich, dessen Ablauf von einigen Schleusen gesteuert wird, strömt Wasser auf die Schaufeln des Mühlrades und setzt im Innern mit Rumpeln und Ächzen das hölzerne Räderwerk in Gang. Noch eindrucksvoller aber präsentiert sich die Kunst, die Kraft des Windes einzufangen, der in Irland ja allgegenwärtig ist. Wuchtig fährt er zwischen die jalousieartigen Flügel der großen Mühle von Skerries. Ihre gleichmäßigen Drehungen haben fast etwas Meditatives, ihr rhythmisches Quietschen und hölzernes Knarren sind Klänge aus einer anderen Zeit.

Hier stehen der oft unsichtbaren Hightech unserer Gegenwart Verfahren von vorvorgestern gegenüber. Die Arbeit von Fall- und Pressbalken, drehenden Wellen und kreisenden Rädern, Mühlsteinen und Schüttelmaschinen fasziniert, weil sie so anschaulich und wunderbar begreifbar ist. Ein Jahrhundert ist es her, seit diese Kraftwerke der vorindustriellen Zeit aufgehört haben, Wind und Wasser in Energie zu verwandeln. Zurück aber bleiben nicht bloß romantische Symbole aus Holz und Stein, sondern auch Erinnerungen und Legenden, von denen die Führer während einer Mühlentour viel zu erzählen wissen. Vom harten Alltag der Müller zum Beispiel oder vom gar nicht so friedlichen Leben auf dem Land. Großartige Geschichten sind zeitlos, großartige Bauwerke leider nicht. Umso schöner, dass die Mühlen von Skerries vor dem Verfall bewahrt werden und uns hoffentlich noch lange in die Vergangenheit zurückreisen lassen.

TIPP

Samstags wird auf dem Mühlenareal ein Bauernmarkt mit einer Auswahl lokaler Produkte abgehalten.

- Millhill Park, Skerries, Fingal, Co. Dublin, K34 K293, Tel. +353 1/8 49 52 08 www.skerriesmills.ie
- ÖPNV: Bus 33 bis Stop No. 6076 Dublin Rd, Sports Fields, 5 Minuten Fußweg

Des Doktors Torheiten

74 St. Enda's Park

Allzu häufig kommt es nicht vor, dass man einen Zahnarzt in guter Erinnerung behält. Möglich, dass Dr. Edward Hudson bereits bei seinen schmerzbefreiten Patienten beliebt gewesen ist, ganz sicher dankbar aber sind ihm viele Gartenfreunde, die eine Hinterlassenschaft des Doktors besuchen können – den St. Enda's Park. Hudson hatte sich Ende des 18. Jahrhunderts im Süden Dublins einige Hektar Land gekauft und einen zauberhaften Garten anlegen lassen. Ein kleiner Bach fließt hindurch, und Zypressen, Lärchen und Eichen sorgen für ausreichend Schatten auf den großen Rasenflächen. Zum Anziehungspunkt für Besucher wurde die Anlage jedoch vor allem wegen der Zierbauten, die der Doktor dort errichtete. Entlang der Wege findet man zum Beispiel die Ruinen einer Abtei, Torbögen, Druidengräber, Einsiedlerhöhlen, Wachtürme und die Miniaturausgabe eines Militärforts. „Follies", Torheiten, werden im Englischen solche Bauwerke genannt, die architektonische Ausrufezeichen in die Landschaft setzen sollen. Die unnützen, aber schönen Blickfänger im St. Enda's Park regen nicht allein die Fantasie kindlicher Besucher an, die sich allerlei geheimnisvolle Geschichten über diese merkwürdigen Gebäude ausdenken.
Ganz und gar wahr aber ist, dass auf den Steinen, die rings um den Springbrunnen des Gartens liegen, ein Gedicht von Padraig Pearse zu lesen ist, das dieser am Vorabend seiner Hinrichtung geschrieben hatte. Seinen nahen Tod vor Augen reflektiert der Anführer des irischen Osteraufstandes von 1916 in den Zeilen von „The Wayfarer" die flüchtige Schönheit der menschlichen Lebensreise und seine Trauer über all das, was ihm entgehen wird: „ein springendes Eichhörnchen in einem Baum oder ein roter Marienkäfer auf einem Halm oder kleine Hasen auf einem Feld am Abend, beleuchtet von einer schrägen Sonne". „Genießt das Glück des Lebens" lautet die Botschaft, und der St. Enda's Park bietet dazu mit all seinen kleinen Torheiten eine wunderbare Gelegenheit.

● St. Enda's Park, Grange Road, Rathfarnham, Dublin 16, D16 Y7Y5
www.heritageireland.ie
● ÖPNV: Bus 16 bis Stop 7068, St Enda's Park, Rathfarnham

SOMETIMES MY HEART HATH SHAKEN WITH GREAT JOY

Gottes Werk & Lillys Beitrag

75

The Oratory of the Sacred Heart

Es heißt ja, Irland sei voll von spirituellen Orten, die man nur finden müsse. Davon, dass man einem die Suche danach extra schwer macht, ist hingegen nie die Rede, doch eine der wunderbarsten Kirchenmalereien des ganzen Landes entdeckt man nur mit großem Glück. Selbst viele Einwohner des Küstenstädtchens Dún Laoghaire kennen die kleine Kapelle Oratory of the Sacred Heart nicht, die sich hinter einer schützenden, aber unattraktiven Außenhülle versteckt. Wer sie trotz dieser Tarnung findet, den erfüllt schon beim Erreichen des Eingangs das Gefühl, etwas Besonderes zu tun, und mit dem nächsten Schritt hinein in die kleine Kapelle ist es, als sei man in eines dieser Pop-up-Bücher geraten, aus denen beim Aufschlagen einer Seite durch spezielle Falttechniken integrierte Elemente herausspringen und dadurch räumlich erscheinen. Seltsame Tiere hüpfen da die Wände entlang. Vögel, deren Hälse und Schnäbel sich zu Ringen zusammenrollen, und tänzelnde Schlangen, die sich ineinander verknoten. Dazu ein vielfarbiges Medley aus verschlungenen Mustern, Spiralen und Kreuzen, das einen schwindelig macht und glauben lässt, man würde hineingezogen in diese mystische Malerei.

All dieser schillernde Überschwang ist das Werk einer einzigen Frau, der Dominikanernonne Mary Concepta, bekannter unter ihrem weltlichen Name Lilly Lynch. 16 Jahre, von 1920 bis 1936, hat Lilly viele Stunden täglich in der Kapelle gearbeitet und ihrem Glauben Farbe gegeben. Inspiriert von der keltischen Renaissancemalerei, die ihr eigener Vater mitentwickelt hatte, mischte Lilly christliche, islamische, byzantinische und koptische Formen zu ihrem ganz eigenen, sehr humorvollen Stil. Mit jedem Blick auf cartoonartige Figuren, auf grinsende Schlangen und Mönche, die sich neckisch gegenseitig an den Bärten ziehen, dringt Lillys kreative Lebensfreude in die Betrachter ihrer Bilder ein, ganz so, wie es die gälische Redensart beschreibt: „An rud a lionas an tsuil lionann sé an croi" – „Was das Auge füllt, erfüllt das Herz".

TIPP

Mögliche Besuchstermine für die Kirche listet der Veranstaltungskalender auf: www.dlrcoco.ie.

- The Oratory of the Sacred Heart, Library Road, Dún Laoghaire, Co. Dublin, A96 XD70, Tel. +353 1/2 05 47 00
- ÖPNV: DART Richtung Bray und Greystones bis Station Dún Laoghaire, 7 Minuten Fußweg

Grüße aus dem Gestern

76

Die Nebelglocke

Kopfüber steht die große Glocke da – ein Bild, das wie ein Dosenöffner wirkt, mit dem sich die Büchse der Vergangenheit aufmachen lässt. Darin stecken Erinnerung an Zeiten, in denen die Glocke am Ende des East Piers von Dún Laoghaires Hafen Seemännern das Leben retten sollte. An Tagen, an denen dichte weiße Schwaden von der See hereinrollten, die Landschaft zudeckten und den Menschen die Sicht raubten, halfen die Glockenschläge den Schiffbesatzungen vor der Küste bei der Navigation.

Die Nebelglocke von Dún Laoghaire erscheint uns heute so altmodisch wie ein Monokel, wie Gamaschen oder ein Grammofon, und an ihren Klang können die meisten sich nicht einmal mehr erinnern, denn sie war nur bis Mitte des 20. Jahrhunderts im Einsatz. Für die damalige Zeit stellte sie jedoch ein echtes Hightech-Gerät dar. Davor lärmten die Fischerfrauen, die an Land auf die Rückkehr ihrer Ehemänner warteten, nämlich mit Kochtöpfen, und die Matrosen selbst schrien laut und lauschten durch den Nebel hindurch auf die Echos ihrer Rufe, um die Entfernung zu nahen Klippen und Landzungen einschätzen zu können. Auch Pfeifen und Kanonen wurden als Nebelsignale verwendet. Manuell betriebene Nebelglocken kamen in den frühen 1800er-Jahren auf. Die Glocke von Dún Laoghaire wurde im Jahr 1852 installiert und hing damals noch in einem hohen Holzglockenturm. Als besonders effizient erwies sie sich jedoch nicht. Bei rauem Wetter kam ihr Klang kaum gegen die Geräusche der Brandung an. Allerdings ließ sich die maximale Reichweite der Glocke erhöhen, wenn man sie mit einem Hammer schlug, statt sie frei schwingen zu lassen. 1907 wurde sie deshalb fest an der Hafenmauer installiert und mechanisch betrieben.

Seit über 70 Jahren lässt sie schon nichts mehr von sich hören. Außer Dienst ist die Nebelglocke aber nicht, nur ihre Aufgabe hat sich gewandelt. Statt Schiffe durch den Nebel lotst ihre nostalgische Anziehungskraft uns heute in ihre alte Welt zurück und bewahrt sie vor dem Vergessen.

TIPP

An alte Zeiten erinnert auch die Taucherglocke am Sir John Rogerson's Quay in Dublins Docklands.

● Nebelglocke, East Pier, Dún Laoghaire Harbour, Co. Dublin
www.dlharbour.ie

● ÖPNV: DART Richtung Bray und Greystones bis Station Dún Laoghaire, 15 Minuten Fußweg

Gänsehaut für alle

77 Forty Foot Pool und Sandycove Strand

Der Name, den die Römer Irland gaben, lautete „Hibernia", was so viel wie „Land des Winters" bedeutet, und die Angst vor kalten Füßen war für die sonnenverwöhnten Südländer vielleicht auch ein Kriterium, auf die Eroberung der sturmumtosten Insel im Atlantik zu verzichten. Uns friert es ja schon, wenn wir den abgehärteten Schwimmern bloß zusehen, die sich an der „Forty Foot" genannten Badestelle allmorgendlich auch im Winter in die eiskalte Irische See stürzen und versichern: „Bei 14 Grad im Sommer ist es nur halb so schön."

Seit mehr als 200 Jahren ist das von Felsplateaus umrahmte Meerbecken im Küstenort Sandycove bei allen beliebt, die keine Lust auf Wasserrutschen-Spaßbäder und Badewannentemperaturen haben. Erst war Forty Foot nur den Mitgliedern des Gentlemen's Swimming Club vorbehalten, die hier den Freikörperkult pflegten. In den 1970er-Jahren eroberten dann auch Frauen das Bad. Seitdem ist zwar Badekleidung Pflicht, doch jeder hat nun das Recht auf Gänsehaut und klappernde Zähne.

Zur Gemeinschaft der eingeschworenen Forty-Foot-Schwimmer gehören auch viele Senioren. Sie baden seit Jahrzehnten hier und schwärmen von der wohltuenden Wirkung des kalten Wassers. Forty Foot – ein Jungbrunnen?

Also dann, auf geht's! Anfänger gehen die Herausforderung aber vielleicht besser von der kleinen Sandbucht aus an, die direkt um die Ecke von Forty Foot liegt, um wenigstens einen komfortableren Einstieg ins Nass zu haben. Sollte dann bereits beim Eintauchen der Zehen Schnappatmung einsetzen, hilft es, daran zu denken, dass sich in diesem Moment entscheidet, ob die Beziehung zu Dublin eine echte Liebesgeschichte werden kann. Denn den wahren Charakter von Menschen lernt man am besten in Krisenzeiten kennen und den von Städten, wenn sie einem die kalte Schulter zeigen, in Dublins Fall also bei Regen und Nebel – und bei einem Bad in der frostigen Irischen See. Wenn man sich anschließend nicht über die neueste Neoprenanzugtechnologie informiert, dann muss es Liebe sein.

TIPP

Am Strand von Killiney ist das Wasser nicht wärmer, hier sieht es aber fast so aus wie am Mittelmeer.

- Forty Foot Pool/Sandycove Strand, Sandycove Point, Sandycove, Co. Dublin
- ÖPNV: Bus 59, 111 bis Stop 3063, Sandycove Road, Glasthule, 10 Minuten Fußweg

Irlands Beverly Hills

78 Dalkey und Dalkey Island

Eddie Irvine, Van Morrison, Bono, Chris de Burgh, Lisa Stansfield und Enya – das Who's Who der in Dalkey ansässigen Prominenten ist lang, und es sollen auch nicht wenige sein, die das Küstendorf südlich von Dublin nur zwecks Star-Spotting ansteuern. Weitaus interessanter, als Sängern, Filmregisseuren oder Schriftstellern beim Spaziergang zuschauen zu können, ist es aber doch, herauszufinden, warum sie sich ausgerechnet dieses Fleckchen ausgesucht und es damit zu einer Art Beverly Hills von Irland gemacht haben. Golf von Neapel lautet die Antwort darauf, denn die glasblaue Bucht vor Dalkey ähnelt dem Golf so stark, dass sogar einige Straßen und Plätze italienische Namen erhielten, Otranto Place oder Vico Road zum Beispiel oder Sorrento Park – mein Lieblingsort in Dalkey auf einer Anhöhe. Von dort hat man einen ungestörten Blick auf die Bucht und auf die vorgelagerten Inseln, von denen die größte Dalkey Island ist. Nur 300 Meter vom Festland entfernt liegt die postkartenhübsche Insel mit den strahlend gelben Ginsterbüschen und dem markanten Martello Tower aus der Zeit der Napoleonischen Kriege. Dass niemand hinüberschwimmt, liegt an den heimtückischen Strömungen der Meerenge, an denen sich nur Delfine und Robben nicht stören. Man kann sie oft vor Dalkey Island beim ausgelassenen Spielen und Springen beobachten. Eine schöne Vorstellung, dass offenbar nicht nur der Mensch Lebensfreude empfinden kann. Wie zum Beweis lässt ein Schwalbenschwarm im tollkühnen Flugmanöver seine kecken „Wid-wid-wid-wid“-Rufe hören. Das klingt, als hätten auch sie allen Grund, fröhlich zu kichern. Seeschwalben zählen zu den am stärksten gefährdeten Seevögeln Europas, auf einem Felsen vor Dalkey aber hat sich eine Kolonie der besonders seltenen Rosenseeschwalben angesiedelt. Ob Sänger, Schriftsteller, Profisportler oder Seeschwalbe – sie alle eint das Faible für Dalkey, und nach einem Nachmittag im Sorrento Park teilt man ihre Liebe zu den Gerüchen, Geräuschen und Farben dieser Küste.

TIPP

Bootstouren in die Bucht und nach Dalkey Island starten vom Coliemore Harbour. www.kentheferryman.com

● Dalkey, Co. Dublin
● ÖPNV: DART Richtung Bray und Greystones bis Station Dalkey

Auf dem Weg zur Ewigkeit

79 Ballyedmonduff Wedge Tomb

Die Busfahrt zurück in die Bronzezeit ist kurz, aber kurvig. Vorbei an Wiesen und Wäldern, die sich immer wieder öffnen und Panoramablicke auf die blitzend blaue Irische See freigeben, geht es die Hänge der Dublin Mountains hinauf. Eine besonders schöne Ouvertüre für den Besuch eines besonderen Ortes. Nach einer kurzen Wanderung leuchtet einem das Ziel dann hell von einer kleinen Lichtung entgegen. Egal bei welchem Wetter, denn den großen, hufeisenförmig angelegten Steinblöcken ist ein Moosfell gewachsen, von dem ein geisterhaft grellgrüner Schimmer ausgeht.

Es sind die Überreste des Ballyedmonduff Wedge Tomb, eines ungewöhnlich großen Keilgrabs aus der Bronzezeit, auch bekannt als Giant's Grave, das Grab des Riesen. Ursprünglich waren drei Kammern von einem gut zwei Meter hohen, grasbewachsenen Hügel bedeckt – eine Art Mini-Newgrange. Doch das Dach stürzte irgendwann ein, und nach der Entdeckung der Anlage im Jahr 1945 wurde sie von örtlichen Steinmetzen geplündert.

Die Schönheit dieser Ruine, die Besinnlichkeit und die fast unheimliche Stille machen den Zauber dieses Ortes aus, erst recht am frühen Morgen. Die Kühle der Nacht steigt dann vom Waldboden auf. Irgendwo knackt es im Unterholz. Vielleicht einer der hier oben lebenden Sikahirsche? Sonnenlicht schummelt ein paar silbrige Strahlen zwischen dicht stehende Fichten, die einen Baumkreis um die Lichtung des Grabes bilden, als wollten sie es schützen.

Seit mehr als 3000 Jahren ist das Giant's Grave schon den Elementen ausgesetzt. Irgendwann droht auch ihm das Vergehen und uns das Verschwinden von Relikten aus einer alten Welt. Eine Vorstellung, über die Jorge Luis Borges hinwegtrösten kann: Der Schriftsteller hatte geraten, sich die Ewigkeit als einen Engel vorzustellen, der mit seinen Flügeln über einen Marmorbrocken streicht – so lange, bis dieser vollkommen verschwunden ist. Über die Steine des Dubliner Riesengrabes streichen Wind und Wetter seit über 3000 Jahren – längst noch nicht einmal Halbzeit also.

- Ballyedmonduff Wedge Tomb, Ballyedmonduff, Dublin 18
- ÖPNV: Bus 44B bis Stop 3508, Johnnie Fox's, Glencullen, 20 Minuten Fußweg

Gute Gründe, zu gehen

80 Two Rock, Dublin Mountains

„Aiteall“ lautet das wohl schönste Wort des irischen Gälisch. Es beschreibt das sonnige Intermezzo zwischen zwei Wolkenbrüchen, den magischen Moment, in dem sich der Himmel sein Blau zurückholt und alles glitzern lässt – die tropfnassen Wiesen und Ginsterbüsche, das granitgraue Felsgestein und auch die geröteten Gesichter der Wanderer, die über Aiteall staunen. Eben noch hatte Irland alle Regenregister gezogen, nun streicht eine leichte Brise sanft über das Land, goldener Dunst durchzieht die Luft, und ein Regenbogen spannt sich weit über die Hügel der Dublin Mountains.

Dauert das Sonnenscheinintermezzo länger an, dann bleibt das Landschaftsmosaik aus Wiesengrün, Torfbraun und Azurblau unverändert hinreißend und das Wandern gerät zum Spazierenstehen. Gut, wer dann ohne Zeitplan unterwegs ist, denn er kommt nie zu spät, und die insgesamt 42 Kilometer lange Strecke des Dublin Mountains Way lässt sich schließlich auch in mehreren Etappen erwandern. Durch Fichten-, Lärchen- und Kiefernwald, über Bergpfade und Landstraßen geht es hinauf zum knapp 540 Meter hohen Gipfel Two Rock, dem höchsten Punkt in den Dublin Mountains. Ein Haufen aus Granit- und Quarzsteinen, „Fairy Castle“ genannt, markiert dort die Stelle einer eingestürzten bronzezeitlichen Grabanlage.

TIPP

Tolle Aussicht, Torffeuer und Live-Musik bietet The Blue Light-Pub in den Dublin Mountains.

Hinsetzen und einfach da sein, die tintenblauen Berge von Wicklow im Rücken, die leuchtende Leinwand des Himmels über und das Panorama der Dubliner Bucht vor sich – so gerät man in den Gemütszustand eines buddhistischen Mönchs. Ruhig, gelassen und heiter. Knapp 13 Kilometer von der wuseligen O'Connell Street entfernt ist das bedeutendste Ereignis hier oben die Ereignislosigkeit und Stille kein Luxus. Das ist der Moment, in dem Dublin für alle Zeit zum Sehnsuchtsort wird und eine Wiederkehr beschlossene Sache ist. Ein altes gälisches Sprichwort lautet: „An ait a bhfuil do chroi is ann a thabharfas do chosa thu.“ – „Deine Füße bringen dich dahin, wo dein Herz ist.“ – Und zwar immer wieder nach Dublin und in die Dublin Mountains.

- Dublin Mountains, Dublin 18, www.dublinmountains.ie
- ÖPNV: Bus 44B bis Stop 3508, Johnnie Fox's, Glencullen, etwa 1,5 Stunden Wanderung

Bibliografische Informationen der Deutschen Nationalbibliothek
Die Deutsche Nationalbibliothek verzeichnet diese Publikation in der Deutschen Nationalbibliografie; detaillierte bibliografische Daten sind im Internet über http://dnb.d-nb.de abrufbar.

2., aktualisierte Auflage 2024
Konzeption/Satz: Droste Verlag, Düsseldorf
Einbandgestaltung und Illustrationen: Britta Rungwerth, Düsseldorf, unter Verwendung von Bildern von © Fotolia.com: jd – photodesign.de; © iStock: Plociennik Robert
Fotos: Thomas Schneider, außer:
S. 17: Press Up Entertainment Group; S. 27: Ros Kavanagh; S. 55: Joanne Murphy; S. 65: Siobhan Byrne Photography; S. 71, 111: Nicole Quint; S. 75: Andrew Witkowski; S. 87: Aidan Alcock; S. 91: Dara Munnis; S. 97: Marc O'Sullivan; S. 109: © Failte Ireland; S. 125: Teddy's; S. 139: Póg; S. 149: Lensmen Photographic Agency

FSC www.fsc.org MIX Papier | Fördert gute Waldnutzung FSC® C011279

Druck und Bindung: LUC GmbH, Greven
ISBN 978-3-7700-2665-4

www.droste-verlag.de